Martina Meuth
Bernd Neuner-Duttenhofer

Alles, was wir mögen

Das Begleitbuch zur WDR Servicezeit: Essen & Trinken

Redaktion der Sendung: Rainer Nohn

vgs EGMONT

Bibliografische Information Der Deutschen Bibliothek
Die Deutsche Bibliothek verzeichnet diese Publikation in der Deutschen Nationalbibliografie; detaillierte bibliografische Daten sind im Internet über http://dnb.ddb.de abrufbar.

verlegt durch EGMONT Verlagsgesellschaften mbH;
Gertrudenstraße 30-36, 50667 Köln

Agentur: WDR mediagroup licensing GmbH

Redaktion: Petra Flocke
Lektorat: Katharina Tilemann
Umschlaggestaltung und Layout: Metzgerei Strzelecki, Köln
Bildnachweis:
Umschlagfoto vorne: © WDR/ Luca Siermann
Umschlagfotos hinten: Martina Meuth
Videograbs: Imhoff Realisation,
hergestellt von 24/25 Timeline Unit Gbr
Abbildungen: S. 12/13, 22/23, 34/35, 44/45, 56/57, 64/65, 74/75, 84/85, 98/99, 110/111, 122/123, 132/133, 142/143, 150/151, 160,161, 172/173, 186/187, 196/197: Martina Meuth
Satz: Achim Münster, Köln
Produktion: Susanne Beeh
Druck: Firmengruppe APPL, aprinta druck, Wemding
ISBN 978-3-8025-3600-7

www.vgs.de

Alles, was wir mögen

Inhalt

Vorwort

„Hat es euch denn geschmeckt?“, fragte meine Großmutter früher immer, wenn wir eingeladen waren und sie für uns gekocht hatte. Alle nickten zustimmend und lobten Großmutters Essen.
Die Apfelsinencreme hatte sich unten in der Schüssel wieder einmal in einer glasig-harten Schicht abgesetzt, wo doch alles eigentlich luftig-weich sein sollte.
Meine Großmutter aber hatte schon vorgebeugt: „Ich hab alles wie im Rezept gemacht, ich weiß auch nicht, woran es liegt.“ Wahrscheinlich war es wieder die Gelatine, die sich nicht richtig aufgelöst hatte. Aber wir liebten diese Apfelsinencreme und erinnern uns gern daran.

Wohl bei keiner anderen Tätigkeit im Alltagsleben erwarten wir mehr Lob als beim Kochen. Nicht umsonst heißt es: „Liebe geht durch den Magen.“ Wenn es der Familie oder den Freunden geschmeckt hat, ist uns die Anerkennung gewiss. Manches Mal wird sicher auch ein bisschen geflunkert, wenn es nicht ganz so gut war.
Die Psychologie spielt beim Essen eine große Rolle. Wir denken dauernd daran. Wissenschaftler haben festgestellt, dass wir uns 15-mal am Tag gedanklich bewusst mit der Nahrungsaufnahme beschäftigen. Unbewusst sollen die Gedanken sogar 220-mal täglich ums Thema Essen kreisen. Damit dürfte Essen an der Spitze der Gedankenflut stehen.
Was soll ich heute kochen? Was kaufe ich wo ein? Soll ich möglichst preiswert einkaufen oder greife ich auf Bioprodukte zurück, die ein bisschen teurer sind? Worauf muss ich beim Einkauf achten? Wie süß und wie fett darf es, wie gesund soll es sein? Fragen über Fragen, die entschieden sein wollen.
Und wenn dann alles beisammen ist, geht es um die Zubereitung. Nach welchem Rezept koche ich? Wie viel Zeit brauche ich? Welche Zutaten verwende ich …?
Beim Kochen sind alle Sinne angesprochen: Sehen, Hören, Riechen, Tasten, Schmecken. Das strengt an, macht aber auch Spaß, weil uns ein gelungenes Essen glücklich macht. „Soll das Essen dir gedeih’n, musst du heiter dabei sein“ lautet ein altes Sprichwort. Kochen und Essen – das bedeutet: Genuss, Lebensfreude und Zufriedenheit – und diese positiven Wirkungen können wir in unseren Alltag einlassen, wenn wir es richtig anstellen.
Dabei will Ihnen dieses Buch von Martina und Moritz helfen. Wie jedes Jahr haben sie zu ihrer Fernsehsendung ein Begleitbuch geschrieben, das sich auf die Themen des vergangenen Jahres bezieht. „Alles, was wir mögen“ haben sie es genannt – und mit „wir“ sind selbstverständlich auch „Sie“ gemeint. Denn Martina und Moritz haben bei all ihren Rezeptideen Sie im Blick.

Bei jeder einzelnen Aktion lassen sie sich davon leiten, wie sie bei Ihnen ankommt. Darauf beruht ihr Erfolg, der mit ihren Sendungen und Kochbüchern nun schon fast 20 Jahre anhält.
Die beiden haben sich der Spruchweisheit verschrieben: „Essen und Trinken hält Leib und Seele zusammen“. Sie machen sich also Gedanken, wie sie Ihr Wohlbefinden verbessern können. Dieser Aufgabe stellen sie sich immer wieder aufs Neue mit ihren Themen, Tests, Tüfteleien und ihrem Temperament.
Auch das gemeinsame Kochen ist für sie ein wichtiges Element in ihrem Alltagsleben. Die kleinen Kebbeleien vor der Kamera gehören dazu wie das Salz in der Suppe. Wenn Sie mit Ihrem Partner zusammen kochen, wissen Sie, dass das jedes Mal wieder ein kleiner Prüfstein für die Beziehung sein kann. Auch das will gemeistert sein und erfordert Einfühlungsvermögen.
Bei unserem Kochduo, das übrigens seit langem verheiratet ist, klappt das ganz prima, auch wenn die Zuschauer das hin und wieder bezweifeln. Meistens arbeiten sie so lange an einem Rezept, bis sie es beide mögen. Wenn sie ein Rezept für gelungen halten, sind sie zufrieden, weil sie sicher sind, dass auch Sie es schätzen und lieb gewinnen können.
Wenn sich auch bei Ihnen die Freude über das Gelingen, das Lob der Gäste und auch der eigene Genuss einstellt, ist der Zweck dieses Buches wieder erreicht.

Dann können Sie wie unsere Vorfahren sagen: „Ist der Magen satt, wird das Herze fröhlich.“

Das wünscht Ihnen jedenfalls

Rainer Nohn
Redakteur Servicezeit: Essen & Trinken

Alles, was wir mögen

Wenn wir uns überlegen, welches Produkt wir in welcher Zubereitungsart und mit welchen Zutaten und Gewürzen in einer Sendung präsentieren wollen, dann gewinnen unsere Vorschläge stets grundsätzliche Züge. Wir wünschen uns, dass Sie als Zuschauer(in) in unseren Rezepten erkennen: hier wird nicht nur ein singuläres Rezept vorgestellt, sondern ein ganzes Konzept; eine Basis-Zubereitung, die in ganz individueller Weise abgeändert und Ihrem persönlichen Geschmack und den Möglichkeiten des Marktes angepasst werden kann. Denn, so glauben wir, das Gelingen eines Gerichtes hängt weniger vom einzelnen Rezept ab als von der Summe dessen, was der/die Kochende von der Essenszubereitung weiß, gelernt hat und beherrscht! Gut zu kochen ist ein ständiger Prozess ...

Sabine S. aus Odenheim bedankte sich neulich bei uns: „Durch die Sinnesschulung meiner Familie geprägt, begann ich mich schon mit Anfang zwanzig fürs Kochen zu interessieren ... Und dann kamen Ihre Sendungen dazu, und ich habe im Laufe der Jahre (jetzt bin ich 43) ganz viel von Ihnen gelernt. Und immer mehr Freude am Einkaufen und Kochen entwickelt. Wichtig war mir bei Ihnen immer, dass Sie eine, wie soll ich sagen, ‚alltagstaugliche' Küche vorstellten, die sich abhob von ‚Nouvelle Cuisine' und Zutaten, die man kaum bekommen konnte oder deren Anzahl pro Rezept so vielfältig waren, dass man den Überblick verlor. Im Grunde habe ich vor allem von Ihnen richtig gut und raffiniert zu kochen und Warenkunde gelernt. Dabei kaufe ich vielleicht nicht immer so teuer ein, wie Sie es tun, aber versuche über regionale hochwertige Produkte das zu bekommen, was unserem Geschmack und Geldbeutel entspricht."

Bei uns steht das Produkt an erster Stelle. Seine Qualität bestimmt das Ergebnis aller Bemühungen in der Küche maßgeblich. Deshalb gehört in unseren Sendungen immer eine Warenkunde dazu, die versucht, Maßstäbe für die Beurteilung zu geben und damit den Kauf von guten Produkten zu erleichtern. Gute Ware ist teurer als Massenprodukte. Aber schließlich verleiben wir uns ein, was wir essen! Unser Körper sollte uns nicht weniger wert sein als unser Auto, dem wir ja auch ein gutes, nein: das beste Motoröl gönnen ... Im Übrigen halte man sich – wie unsere treue Zuschauerin – an regionale Erzeuger (heute über das Internet für alle Gegenden Deutschlands leicht herauszufinden) und deren saisonales Angebot. Von Produzenten, die man persönlich kennt, erhält man bessere Qualität als beim Discounter und moderate Preise.

Auch die Wahl der Garmethode und der Zubereitungsweise wird vom Produkt bestimmt! Nehmen wir ein preiswertes Stück Rindfleisch zum Schmoren: Das kann man nicht wie ein Steak schnell in die Pfanne hauen – das Ergebnis wäre die sprichwörtliche Schuhsohle. Und mit mehligen Kartoffeln können wir keine formschönen Bratkartoffen erwarten (sondern wir pressen die frisch gekochten Knollen lieber durch und rühren ein köstlich lockeres Püree). Genauso wäre es vollkommen unsinnig, teures Filet für ein Schmorgericht zu verarbeiten, denn das zarte Fleisch würde zu trockenen Fasern ruiniert. Wer ein bestimmtes Gericht mit einem genau definierten Geschmack zubereiten will, muss das entsprechende Ausgangsprodukt wählen. Wir versuchen deshalb stets zu begründen, warum wir für ein Produkt eine bestimmte Garmethode vorschlagen.

Es gibt unendlich viele Spielarten, Speisen und Gewürze miteinander zu kombinieren, aber gewisse Grundstrukturen dürfen nicht abgeändert werden, ohne dem Charakter des Gerichts zu schaden. Der mediterrane Dreiklang Olivenöl-Knoblauch-Basilikum würde durch Dill vollkommen zerstört. Geschmacksneutrales Öl verändert die Basis einer französischen Saucenzubereitung mit Butter, Schalotte und Estragon bis zur Unkenntlichkeit. Und nur die Kombination von Öl, Knoblauch, Ingwer, Chili, Fischsauce und Koriandergrün schafft die unverwechselbare Identität der thailändischen Küche. Deshalb legen wir großen Wert auf das Erkennen dieser Grundstrukturen, an die man sich halten muss, um anschließend frei improvisieren zu können.

Alles, was wir mögen: Das mag selbstbezogen klingen – und ist doch ein ganzes Programm! Denn, davon sind wir überzeugt, wir könnten Ihnen nichts glaubhaft vorkochen und vermitteln, was wir nicht selbst auch gerne zubereiten und essen. Wir danken dem WDR und unserem Redakteur Rainer Nohn, dass er uns – in kontinuierlicher Absprache und immer natürlich mit der Idee im Hinterkopf, eine Küche zu bieten, die möglichst viele Leute anspricht – all das kochen lässt, was wir mögen.

Wir reisen viel und lernen ständig neue Küchen kennen, entdecken also durch unseren Beruf immer wieder neue Zubereitungsmethoden, bislang unbekannte Zutaten und Zusammenstellungen oder eine ungewöhnliche Art zu würzen – und können deshalb aus Überzeugung sagen: Was wir mögen, kochen wir!

Martina Meuth und Bernd Neuner-Duttenhofer

Bintje
Laura

Kartoffeln

Kartoffeln: Neues von den tollen Knollen

Kein Kellerkind, sondern Küchenstar!

Kartoffeln sind für uns Ausgangpunkt für Lieblingsgerichte – und so haben wir wieder neue Rezepte ausprobiert, aber auch vertraute Klassiker ausgegraben.

Kartoffel ist nicht gleich Kartoffel

Es wäre jammerschade, tagaus tagein immer ein- und dieselbe Kartoffelsorte zu verwenden. Selbst wenn man um die drei grundverschiedenen Kocheigenschaften weiß und „festkochende", „vorwiegend festkochende" und „mehlige" Kartoffeln unterscheiden kann, gehört man noch lange nicht zu den Kennern. Denn diese Eigenschaften kommen in so unendlich vielen Abstufungen vor, dass es richtig irritierend werden kann. So gilt die Sorte mit dem hübschen Namen Laura zum Beispiel zwar als „vorwiegend festkochend", trägt aber zusätzlich die Präzisierung: mehlig. Auch die gelbfleischige Marabel wird nicht als ausdrücklich mehlig beschrieben, sondern ist im Prinzip ebenso „vorwiegend festkochend" mit Tendenz zum „Mehligen". Höchst verwirrend!

Es hat eben jede Kartoffelsorte ihre ganz eigene Konsistenz und Krumigkeit. Auch ist der jeweilige Zustand abhängig vom Jahr und von der Jahreszeit. Je länger der Erntezeitpunkt zurückliegt, desto stärker bildet sich die Stärke aus, und manche ursprünglich festkochende Sorte präsentiert sich langsam mehlig ... Von außen kann man den Kartoffeln das allerdings nicht ansehen. Nicht einmal ihre Farbe sagt etwas darüber aus. Kartoffeln können ja sehr unterschiedlich gefärbt sein, nicht nur ihre Schale, sondern auch ihr Fleisch. Darüber hinaus sind Kartoffeln natürlich in der Größe höchst unterschiedlich und auch in der Form: Es gibt runde, längliche, ovale, genoppte, mit glatter oder rauer Schale, sie haben Augen, Warzen oder Ausbuchtungen.

Natürlich wird man diese Vielfalt nicht im Supermarkt finden, aber sicherlich – wenn man gründlich Ausschau hält –, auf dem Wochenmarkt, direkt beim Bauern oder in gut sortierten Gemüseläden.

Da gibt es beispielsweise die blaue **Vitelotte** aus Frankreich die rotschaligen **Roseval** oder **Laura**, die **Quarta** mit ihren rosa Augen oder die **Marabel** mit ihrem gelben Fleisch. Indes: Nicht jede Kartoffel ist für jedes Gericht geeignet. Dass man für Kartoffelpüree oder Kartoffelsuppe eher eine mehlige Sorte braucht, leuchtet sicher jedem ein.

Ob man aber für ein Kartoffelgratin mal lieber eine festkochende, ein anderes Mal doch eher eine mehligere Sorte nimmt,
das muss man immer wieder neu ausprobieren. Das Experimentieren macht Freude!

Zunächst kauft man einfach verschiedene Sorten ein, um sie zu Hause einzeln nacheinander auszuprobieren. Zuerst pur, dann mit einem Stich Butter und einigen Krümeln Salz. Und dann zum Beispiel nach unseren Rezepten zubereitet. Wer da nicht zum Kartoffelfan wird, dem können wir auch nicht helfen ...

Kartoffeln richtig lagern

Sie sind gar nicht so robust, wie man ihnen zuschreibt. Kartoffeln nehmen schnell übel, wenn man unsanft mit ihnen umgeht oder sie gar unsachgemäß aufbewahrt: Sie müssen dunkel lagern – bei Licht entwickelt sich das berüchtigte giftige Solanin, das man an der Grünfärbung des sonst gelben oder weißen Kartoffelfleisches erkennt. Sie wollen es feucht, sonst welken und schrumpeln sie. Und sie lieben es kühl, aber bitte nicht zu kalt. In der Kälte entwickeln sie dunkle Flecken, und sobald sie Frost bekommen haben, wandelt sich ihre Stärke in Zucker um, dann schmecken sie unangenehm süß, sind ungenießbar. Wer also keinen geeigneten Keller hat (dunkel, angenehm feucht und gerade richtig kühl), der sollte lieber stets nur so viele Kartoffeln einkaufen, wie er in den nächsten vier bis sechs Wochen verbrauchen kann. So lange kann man sie im Gemüsefach des Kühlschranks lagern.

ZUTATEN

Für vier Personen:

800 g festkochende Kartoffeln (z. B. Bamberger Hörndl, Sieglinde oder die blaue Vitelotte)
4-5 Anchovis oder Sardellenfilets
3 Knoblauchzehen
2 EL Kapern
3-4 EL Olivenöl
2-3 EL Sherryessig
Pfeffer (grob geschrotet oder gemahlen)
1 rote Zwiebel
250 g feinste grüne Böhnchen (blanchiert)
1-2 Tassen gekochte weiße Bohnenkerne
eventuell 1-2 feste Tomaten
1 Tasse kleine schwarze Oliven
Kräuter: Schnittlauch, Petersilie
Salatblätter zum Anrichten

Kartoffelsalat mit zweierlei Bohnen

Einer von Moritz' tausend Lieblings-Kartoffelsalaten. Diesmal mit Anchovis, Knoblauch, Zwiebel, blanchierten grünen Bohnen, gekochten weißen Bohnenkernen sowie mit reichlich Kräutern.

1 Die Kartoffeln in der Schale gar kochen, nur wenig auskühlen lassen, dann pellen und in Scheibchen schneiden.

2 Anchovis, Knoblauch und Kapern sehr fein hacken und mit dem Olivenöl mischen. Groben Pfeffer und Essig unterrühren sowie die übrigen Salatzutaten: rote Zwiebel in feinen Segmenten, die Böhnchen im Ganzen sowie die abgetropften Bohnenkerne. Schließlich auch die Kartoffelscheibchen, gewürfelte, entkernte Tomate, die ganzen Oliven sowie die gehackten Kräuter zufügen. Herzhaft abschmecken und auf Salatblättern anrichten.

BEILAGE

Ein frisches Bauernbrot.

GETRÄNK

Am besten ein Pils.

Kartoffelgratin mit zweierlei Bohnen

Aus denselben Zutaten lässt sich auch ein vollkommen anderes Gericht zubereiten – nicht kalt zum Salat vermischt, sondern in eine Auflaufform geschichtet und gebacken. Hier braucht man ebenfalls gekochte Kartoffeln. Geht schnell, sieht wundervoll aus und duftet verführerisch ...

1 Die gekochten Kartoffeln pellen und in Scheiben schneiden. Die Zwiebeln und den Knoblauch in dünne Scheiben hobeln und in einer Pfanne in heißem Olivenöl andünsten. Zum Schluss die gehackten Anchovis untermischen.

2 In einer flachen Gratinform zunächst eine Schicht Kartoffeln ausbreiten, darauf gedünstete Zwiebeln, dann grüne sowie weiße Bohnen, anschließend wieder eine Schicht Kartoffeln etc. Alles mit Brühe tränken.

3 Petersilie fein hacken, mit den Semmelbröseln mischen und auf der Oberfläche verteilen. Mit Olivenöl beträufeln und in den 220 °C heißen Ofen schieben. Etwa 15 bis 20 Minuten backen, bis die Brösel gebräunt sind und alles brodelt.

BEILAGE

Schön ist dazu ein Salat, Endivie, nicht zu fein geschnitten, oder der ihr ähnliche, noch bitterere Zuckerhut, mit einer Marinade aus zerdrücktem Knoblauch und Anchovis.

GETRÄNK

Ein fruchtiger, leichter Rotwein, ein Spätburgunder vom Kaiserstuhl oder auch ein frischer Rosé aus Südfrankreich. Oder ein fruchtiger Marzemino aus dem Trentino, Mozarts Lieblingswein ...

ZUTATEN

Für vier Personen:

1 kg vorwiegend festkochende Kartoffeln (z. B. Quarta, Christa, Granola oder die rosa Laura)
2 rote Zwiebeln
3-4 Knoblauchzehen
2-3 EL Olivenöl
4-5 Anchovisfilets
250 g blanchierte grüne Bohnen
2 Tassen gekochte weiße Bohnenkerne
1 Glas Brühe
1 Bund Petersilie
100 g Semmelbrösel
Olivenöl zum Beträufeln

ZUTATEN

Für vier Personen:

4 große festkochende Kartoffeln (z. B. Selma, Linda, Nicola)
3-4 EL Olivenöl
Kümmel
grob geschroteter Pfeffer
1 zerbröselte, getrocknete Chilischote
Meersalz (fleur de sel)

Kartoffelchips

Herrlich zum Knabbern beim Fernsehen (viel besser als das Zeug aus der Tüte!) oder auch als Happen zum Glas Wein.

Die Kartoffeln schälen, auf dem Gurkenhobel in dünne Scheiben hobeln und auf einem Backblech so verteilen, dass die Scheiben nicht übereinanderliegen. Mit Öl beträufeln und mit den Gewürzen bestreuen. Bei 200 Grad im Ofen ca. 7 bis 10 Minuten backen – je nach Dicke der Scheiben. Erst dann salzen, am besten mit Meersalz.

BEILAGE

Dazu passt Kräuterquark (einfach mit Zitronensaft, einem Schuss Olivenöl, Salz, Pfeffer, Paprikapulver und Kümmel würzen).

GETRÄNK

Ein Bier, ein frischer Weiß- oder Rotwein, es kann sogar ein exotischer Drink sein, mit oder ohne Alkohol.

Butterfässchen

Eine besonders hübsche Idee von unserer Maskenbildnerin Beate: Kleinen Pellkartoffeln eine Kappe abschneiden und diese mit einem Perlausstecher aushöhlen. Ein Stückchen Butter und einige Krümel Salz hineingeben, Deckel wieder aufsetzen und mit einem Happs verspeisen. Schmeckt göttlich!

Kartoffeln in Meersalz

Eine höchst ungewöhnliche Idee. Da wird man garantiert zum Kartoffelfan!

1 Die Kartoffeln schälen, möglichst nebeneinander in eine passende feuerfeste Auflaufform setzen. Den Speck in feine Streifen schneiden und zwischen den Kartoffeln verteilen. Mit Pfeffer und Majoran würzen.

2 Salz, Eiweiß und Mehl zu einem festen Teig vermengen. Das Gemisch wie einen Deckel über den Kartoffeln verteilen, so dass wirklich nirgends ein Loch bleibt.

3 Im 180 °C heißen Ofen etwa 45 Minuten backen. Die Salzkruste erst bei Tisch öffnen und abheben – unter Umständen ist dazu ein Hammer nötig, weil die Kruste so fest zusammengebacken ist! Dazu verschiedene Dipps servieren: Kräuterquark, Eiersauce mit Kapern und Gürkchen oder einfach eine gute Leberwurst.

GETRÄNK

Ein kräftiger Sauvignon, zum Beispiel aus Württemberg. Wir haben einen vom Weingut Drautz-Able gewählt.

ZUTATEN

Für vier bis sechs Personen:

ca. 1 kg möglichst gleich große, vorwiegend festkochende Kartoffeln (z. B.Christa oder Granola)
100 g durchwachsener Speck
Pfeffer
Majoran

Salzteig:

500 g grobes, ungereinigtes Meersalz
2 Eiweiß
100 g Mehl

Béchamelkartoffeln mit Roter Bete

ZUTATEN

Für vier bis sechs Personen:

2 EL Butter
50 g Schinkenfett (vom gekochten Schinken)
1 Zwiebel
etwas Selleriegrün
1 EL Mehl
½ l Milch
Zitronenschale
1 Lorbeerblatt
2 Pimentkörner
6 Pfefferbeeren
Zitronensaft
ein Spritzer Worcestershiresauce
Salz, Pfeffer
Dill
ca. 800 g Kartoffeln (möglichst eine festkochende, gelbfleischige Sorte: z.B. Sieglinde, Cilena oder Nicola)

2 EL Butter
ca. 400-500 g Rote-Bete-Knollen
Salz, Pfeffer
1 kleine Chilischote (frisch oder getrocknet)
2 Pimentkörner
1 Prise Zucker

Mehr als nur eine Beilage: die Kartoffeln in der weißen Béchamelsauce. Daneben die separat gedünstete Rote Bete.

1 Die Butter schmelzen und das fein gewürfelte Schinkenfett, die fein gehackte Zwiebel und das Selleriegrün darin andünsten. Mit Mehl bestäuben und gut durchschwitzen. Milch angießen, leise etwa 20 Minuten köcheln. Die Zitronenschale am Stück sowie die anderen Gewürze mitziehen lassen. Die Sauce durch ein Sieb passieren und mit reichlich Zitronensaft, Worcestershiresauce, Salz und Pfeffer abschmecken. Großzügig Dill einrühren.

2 Die Kartoffeln in der Schale gar kochen, pellen, in Scheiben schneiden und unter die Sauce mischen.

3 Für die Rote Bete in einem zweiten Topf die Butter erhitzen. Die geschälte, in Würfel geschnittene Rote Bete darin andünsten, salzen, mit Pfeffer, der klein geschnittenen Chilischote und zerdrücktem Piment sowie einem Hauch Zucker würzen. Zugedeckt auf kleinem Feuer im eigenen Saft weich dünsten. Achtung: falls zu viel Flüssigkeit verkocht, Hitze reduzieren und einen Spritzer Wasser angießen.

4 Servieren: Die „weißen" Kartoffeln auf einen Teller häufen, die Rote Bete dazwischen setzen, dabei so wenig wie möglich mischen, sonst färbt sich alles rot.

BEILAGE

Man braucht eigentlich gar nichts dazu. Es passt aber gebratene Blutwurst. Oder auch ein paar Scheibchen Gravad Lachs oder Räucherlachs.

GETRÄNK

Ein Pils dazu zischt förmlich. Es passt aber auch ein runder, harmonischer Weißwein, zum Beispiel ein Weißburgunder aus Franken.

Kartoffeltorte

Eine prächtige Sache, die mehr Eindruck als Mühe macht. Dazu ein erfrischender Salat, ein herzhafter Wein – ein Festessen!

1 Mit dem Blätterteig eine Springform oder eine Pieform auslegen – die Teigplatte möglichst weit überstehen lassen, damit man damit nachher die Füllung zudecken kann.

2 Kartoffeln schälen, in dünne Scheiben hobeln. Die Hälfte davon auf dem Teigboden verteilen, salzen, pfeffern, mit Muskat und Majoran würzen.

3 Lauch putzen, das dunkle Grün entfernen. Die Stangen aufschlitzen und gründlich auswaschen. In feine Scheiben schneiden. Auf dem Kartoffelbett verteilen, mit Salz, Pfeffer und Muskat würzen. Den Schinken in Streifen schneiden und zwischen die Lauchringe betten. Den Käse darauf verteilen. Die restlichen Kartoffeln darübergeben und wieder kräftig würzen.

4 Die Teigzipfel über der Füllung zusammenschlagen. Falls sie die Oberfläche nicht zudecken, ein weiteres Teigstück zuschneiden und alles damit abdecken. Die Teigstücke gut zusammendrücken, sodass sie einen dichten Deckel bilden. Mit einem kleinen runden Ausstecher in der Mitte ein kleines Loch stechen, damit der Dampf daraus entweichen kann.

5 Das Eigelb mit Sahne verquirlen und den Teigdeckel damit einpinseln. Mit einer Gabel Verzierungen zeichnen. Im Ofen bei 200 °C 35 bis 40 Minuten backen.

BEILAGE
Ein grüner Salat.

GETRÄNK
Ein herzhafter, einfacher Weißwein, zum Beispiel ein Gutedel aus dem Markgräfler Land in Südbaden oder aus der Schweiz, dem Waadtland, wo diese Rebsorte Chasselas heißt.

ZUTATEN
Für vier bis sechs Personen:

1 Paket TK-Blätterteig (ruhig bereits fertig ausgerollt)
500 g mehlige Kartoffeln (z. B. Bintje, Marabel oder Quarta)
Salz, Pfeffer
Muskat
Majoran
400 g Lauch
100 g gekochter Schinken
200 g Bergkäse in Scheiben
1 Eigelb
3 EL Sahne

Kohlrouladen

Kohlrouladen: Gefüllt und gewickelt:

Sie sind ein richtiges Lieblingsessen, die Kohlrouladen – oder sagen Sie Krautwickel? Das ist regional unterschiedlich: Im Süden Deutschlands spricht man statt von Kohl eher vom Kraut und isst deshalb natürlich auch Krautwickel. Nördlich des Mains verwendet man den Begriff Kohl und rollt also Kohlrouladen... In jedem Fall ist es Hausmannskost, wie man sie sich immer wieder mal wünscht. Eine der Leibspeisen, die an die Großmutter erinnern, weil die sie immer so gut zuzubereiten wusste, und die man so schon lange nicht mehr auf den Teller bekommen hat. Natürlich haben wir das Großmutterrezept ein wenig modifiziert beziehungsweise modernisiert: Wir nehmen weniger Fett, dafür mehr Gewürze und Kräuter, spielen mit den verschiedenen Kohlsorten und verkürzen auch insgesamt die Garzeit.

Die richtige Hülle für die Fülle

Man kann zum Wickeln alles nehmen, was Blätter hat. Wir widmen uns hier den Blättern vom Weiß- und Rotkohl. Deren feste, runde Köpfe gibt es den ganzen Winter hindurch, weil sie sich so gut lagern lassen. Mit der neuen Ernte kommt dann auch der Spitzkohl mit seinen viel lockereren Blättern.

Man kann außerdem Chinakohl verwenden, der so zart ist, dass man ihn sogar gern roh isst. Mit einer Füllung, die nur eine kurze Garzeit braucht (zum Beispiel aus Fisch oder Meeresfrüchten), sind diese Röllchen im Handumdrehen fertig.
Die Blätter vom China- oder Spitzkohl lassen sich leicht abtrennen. Weißkohl- oder Rotkrautblätter schließen sich jedoch so fest zum Kopf zusammen, dass man sie meist extra behandeln muss: Man setze einen großen Topf mit Wasser auf, so groß, dass der gesamte Kopf hineinpasst. Sobald das Wasser kocht, salzen und dann den Kopf für ein bis zwei Minuten hineintauchen – je nach Festigkeit der Blätter kann das auch bis zu fünf Minuten dauern, bei Rotkohl sogar acht bis zehn Minuten! Den Kopf anschließend mit einer Schaumkelle herausheben und sofort in einem bereitstehenden Topf oder im Spülbecken in eiskaltem Wasser versenken, um ihn wieder abzukühlen. Jetzt lassen sich zwei bis drei Blattschichten mühelos abtrennen. Vorsichtig und behutsam, damit sie nicht einreißen. Den Kopf erneut ins kochende Wasser tauchen, dann wieder abkühlen – nach diesem Prinzip weiter verfahren, bis man genügend Blätter abgetrennt hat. Jetzt müssen die Blattrippen, die ja an den äußeren Blättern besonders dick sind, flach geschnitten oder besser noch ganz herausgeschnitten werden, sodass am Ende nur zarte Blätter übrig bleiben.

Und was passiert mit dem Herzen des Kohlkopfs?

Hier ein paar Tipps:

- Das Kohlherz in sehr feine Streifen schneiden, in Olivenöl oder auch in ausgelassenem Speckfett andünsten, mit Kümmel, nach Belieben mit Paprika würzen – gut passt auch Muskat oder Macis (gemahlene Muskatblüte) – und möglichst nur im eigenen Saft einige Minuten gar dünsten. Dabei darf die Hitze nicht zu stark sein, sonst reicht die eigene Feuchtigkeit nicht aus. Deshalb immer wieder überprüfen, gegebenenfalls die Hitze reduzieren oder ein wenig Brühe angießen.
- Verbliebene, größere Außenblätter abtrennen und blanchieren. Das Innere des Kohlkopfs wie oben beschrieben fein schneiden, gut würzen und gar dünsten. Jeweils zwei Esslöffel davon in eines der Blätter wickeln und kleine Röllchen formen. Diese dann dämpfen oder schmoren und als Beilage servieren.
- Den Kohl in halbzentimeterbreite Streifen schneiden und im Wok auf chinesische Art pfannenrühren.

Ist Rotkohl blau oder rot?

Oder wieso heißt er mal Blaukraut und mal Rotkohl? Die Erklärung ist ganz einfach: Gibt man zum blauen Kraut einen Schuss Essig, also Säure, wird es rot. Blau wird das Kraut in den Regionen mit kalkreichem Wasser (also in den Mittelgebirgen und im Süden), rot bleibt es in Gegenden mit weichem, neutralem oder eher saurem Wasser, also im Norden.

Rund ums Hackfleisch

Wir empfehlen: Hackfleisch sicherheitshalber nur dort kaufen, wo der Metzger das Fleisch vor den Augen des Kunden durch den Wolf dreht. Da sieht man, was drin ist, und man weiß vor allem, dass es frisch ist. Die Angriffsfläche für Bakterien ist nun mal umso größer, je feiner das Fleisch zerkleinert wird. Deshalb ist im Umgang mit Hackfleisch nicht nur besondere Sorgfalt und Sauberkeit absolut unerlässlich, sondern auch die kontinuierliche und ausreichende Kühlung. Bei uns regelt dies zwar eine strikt einzuhaltende Hackfleischverordnung – übrigens auch, wie hoch der Anteil von magerem Fleisch im Verhältnis zu Fett und sehnigem Material zu sein hat –, aber wie oft lesen wir in der Zeitung von rück- oder umdatiertem Fleisch in den Kühltruhen der Super- und Verbrauchermärkte. Deshalb sollte man Hackfleisch nur dort kaufen, wo man Vertrauen haben kann! Und dann natürlich: schnellstmöglich verarbeiten, unbedingt am selben Tag. Nur wenn man die Möglichkeit hat, es bei höchstens 2 bis 4 Grad zu lagern, kann man es bis zum nächsten Tag aufbewahren. Ein Tipp: Bitten Sie Ihren Metzger, das Hackfleisch vakuumzuverpacken – so können Sie es unbeschadet ein, zwei Tage im Kühlschrank aufbewahren (etwa am Wochenende) oder sogar einfrieren (was man mit losem Hackfleisch auf keinen Fall tun sollte, weil ein haushaltsübliches Tiefkühlgerät nicht die nötige Kälte dafür entwickelt).

Von Röllchen, Wickeln und Rouladen

Früher, zu Großmutters Zeiten, war eine Kohlroulade (oder ein Krautwickel) eine deftige, handfeste Angelegenheit. Vor allem war sie groß, hatte den Durchmesser einer Damenhand und füllte in ihrer Länge einen ganzen Teller. So stellte eine einzige Kohlroulade bereits eine stattliche Portion dar. Das bedeutete: viel Füllung, umwickelt von relativ wenig Kohl. In schlechten Zeiten bestand die Füllung aus wenig Fleisch, aber viel Brot, manche Köchinnen schafften es, ein murmelgroßes Kügelchen Füllung in viele Lagen Kohlblätter einzuwickeln … In guten Zeiten, und von denen pflegen wir ja zu schwärmen, ist es gerade umgekehrt – allerdings ist genügend Brot in der Füllung immer wichtig, damit sie locker wird!

Seit wir uns bewusster ernähren, hat sich das Verhältnis von Fleisch zu Gemüse jedoch wieder zugunsten des Letzteren verschoben: Heute wickeln wir lieber weniger, aber köstliche Füllung in viel Blatt ein. Dafür sind die Röllchen viel kleiner und man kann daher gleich mehrere verspeisen.

Vom Wickeln und Rollen

Wichtig ist natürlich, dass die Füllung in ihrer Hülle bleibt und nicht an den Seiten herausquillt. Wenn also das Blatt schön zu- und flachgeschnitten, besser noch die harte Rippe sogar vollständig herausgelöst wurde, die Füllung am festen Ende des Blattes quer auflegen und die Seiten jeweils darüberklappen. Beim Aufrollen dann darauf achten, dass diese Seiten hübsch verschlossen bleiben. Oder die Blatthälften jeweils mit etwas Füllung belegen, übereinander setzen und aufwickeln. Was besser gelingt, hängt von der Biegsamkeit und Geschmeidigkeit der Blätter ab.

Ob Sie diese Päckchen mit Zwirn verschnüren und zubinden, ist eine Frage von Geduld und Geschicklichkeit. Nötig ist es vielleicht bei großen Rouladen. Aber schon mittlere Modelle bleiben hübsch geschlossen, wenn man sie mit der Nahtseite nach unten ins heiße Fett gibt und anbrät. Dann hält das Eiweiß der Füllung, das in der Brathitze gerinnt und zusammenklebt, das Röllchen gut zusammen (man kann diesen Effekt verstärken, indem man die Blätter innen mit Eiweiß einpinselt – wie den Teig für Ravioli). Sicherheitshalber kann man sich natürlich auch der Klammern bedienen, mit denen man sonst Fleischrouladen zusammenhält, oder Rouladennadeln nehmen, um die Päckchen zuzustecken. Fazit: Je zierlicher das Röllchen, desto weniger Probleme mit dem Halt.

ZUTATEN

Für vier bis sechs Personen:

1 mittelgroßer Weißkohlkopf (ca. 1 kg)
Salz
2-3 EL Öl oder Butterschmalz
gut ¼ l Brühe
ca. 200 ml Sahne
eventuell 1 Eigelb
Petersilie oder Schnittlauch
Muskat

Hackfleischfüllung:

1-2 altbackene Brötchen
ca. ⅛ l Milch
1 große Zwiebel
2 EL Butter
2-3 Knoblauchzehen
1 Bund Petersilie
3-4 Anchovis
500 g Hackfleisch (gemischt: von Schwein & Rind)
4-5 EL kleine Kapern
eventuell 3-4 Cornichons
1 TL Senf
Salz, Pfeffer
1 Ei

Kohlrouladen nach Großmutters Art

Das Fleisch für die Füllung muss aufgelockert werden. Am besten geschieht das mit altbackenem Brot, in Milch oder Wasser eingeweicht (Milch schmeckt besser!). Außerdem gehört Zwiebel hinein (unbedingt in etwas Butter oder Öl weich gedünstet). Mit den Gewürzen lässt sich dann spielen: Man kann zum Beispiel die Füllung

- mit Kapern, Senf und Anchovis in die Nähe von Königsberger Klopsen rücken;
- mit Oregano, Knoblauch, etwas Tomatenmark und Olivenöl mehr mediterran ausrichten;
- mit viel Petersilie Farbe hineinbringen;
- mit Kümmel, Muskatnuss und viel Paprika besonders herzhaft würzen.

1 Den Kohlkopf putzen, welke und beschädigte Blätter entfernen und den Kopf behutsam in einzelne Blätter zerlegen. (Falls nötig, wie auf S. 25 beschrieben in kochendes Wasser tauchen.) Die Blätter sauber zuschneiden, vor allem die Strünke flach- oder sogar ganz herausschneiden, besonders, wenn sie sehr faserig sind.

2 Für die Füllung das Brötchen in Würfel schneiden, in eine Schüssel geben und mit der warmen Milch begießen. Gründlich durchweichen lassen.

3 Unterdessen die Zwiebel schälen, sehr fein würfeln und im heißen Fett weich dünsten. Den fein gewürfelten Knoblauch erst nach einigen Minuten zufügen, damit er nicht dunkel wird. Ganz zum Schluss die fein gehackte Petersilie untermischen. Sie soll ein wenig zusammenfallen. Auch die Anchovis jetzt fein gehackt in die Pfanne geben. (All dies kann auch in der Mikrowelle passieren).

4 Dieses Gemisch zusammen mit den eingeweichten Brötchen (wenn nötig ausdrücken) und dem Hackfleisch in eine Schüssel geben. Die Hälfte der fein gehackten Kapern und Cornichons zufügen (die andere Hälfte für die Sauce aufbewahren), ebenso das Ei und den Senf. Alles gründlich miteinander verkneten, dabei salzen, pfeffern und mit Muskat würzen. Die Füllung muss sehr kräftig schmecken, denn sie soll ja auch die Kohlblätter mit ihrer Würze versorgen.

5 Für jede Kohlroulade zwei oder drei Blätter übereinander legen und jeweils zwei, drei Esslöffel Füllung darauf verteilen. Wie zuvor beschrieben alles einwickeln, gleich große Rouladen formen und verschließen.

6 Die Rouladen in einem breiten, flachen Schmortopf (sie sollten alle Bodenkontakt haben!) im heißen Fett scharf anbraten – sie müssen richtig dunkle Bratspuren zeigen, das gibt den typischen Geschmack! Erst wenn die Rollen rundum appetitlich gebräunt sind, mit der Brühe ablöschen. Zugedeckt auf mittlerer Hitze sanft schmoren, dabei immer wieder überprüfen, ob genügend Flüssigkeit im Topf ist. Gegebenenfalls mit einem Schuss Brühe ablöschen.

7 Nach etwa 25 bis 30 Minuten müssten die Rollen gar sein (sie bieten auf Fingerdruck elastischen Widerstand). Dann die Sahne zufügen, kurz aufkochen, restliche Kapern und Gürkchen einrühren und die Sauce nochmals abschmecken. Eventuell mit einer Prise Zucker abrunden. Über die Rouladen gießen und heiß servieren.

TIPP

Falls man lieber eine sanftere Bindung haben will: Den Sud in ein Töpfchen abgießen, Sahne und restliche Brühe angießen. Einige Minuten sprudelnd einkochen lassen. Dann das Eigelb mit einigen Löffeln Sauce glatt quirlen und in die Sauce rühren. Jetzt nur noch erhitzen, es darf auf keinen Fall kochen, weil sonst das Eigelb gerinnt!

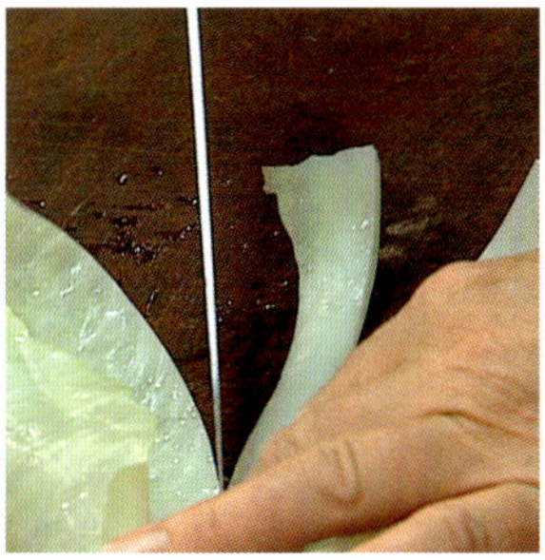

VARIATIONEN

Die mediterran gewürzten Krautwickel (siehe S. 28) mit Tomaten (frisch oder aus Glas/Dose/Tetrapack) gar schmoren und die Schmorflüssigkeit dann mit Olivenöl aufmixen – das ergibt eine cremige, hellrote, aromatische Sauce.

Die paprikawürzige Version (siehe S. 28) nahezu im eigenen Saft garen, nur mit etwas Wein und Brühe anfeuchten. Diesen Schmorsud abschmecken und als Sauce über die Rouladen geben.

BEILAGE

Dazu schmeckt am besten Kartoffelpüree, natürlich selbst gemacht, weil es so viel besser als das Tütenprodukt und unglaublich einfach zuzubereiten ist: Kartoffeln (eine mehlige Sorte! Etwa Bintje, Laura oder Marabel) schälen, vierteln, in Salzwasser garen. Sobald die Kartoffeln weich sind, das Wasser abgießen und stattdessen zweifingerhoch Milch in den heißen Topf geben. Ein Stück Butter dazu, und alles mit dem Kartoffelstampfer zerdrücken. Zum Schluss mit einer Gabel oder einem Holzlöffel aufschlagen, bis das Püree duftig und locker ist. Auf keinen Fall mit dem Mixstab, der macht das Püree statt duftig und locker zäh und pappig.

GETRÄNK

Natürlich kann man dazu prima ein Bier trinken. Wer lieber einen Wein wählt, sucht den je nach Art der Würzung aus: Zur Königsberger Version empfiehlt sich ein herzhafter Weißwein, zum Beispiel ein Weißburgunder von der Saale-Unstrut; zur mediterranen Variante könnte man einen trockenen Malvasier aus Friaul oder Istrien probieren, mit Kraft und einem wunderschönen blütenduftenden Bouquet. Der wäre auch zu den paprikawürzigen Krautwickeln ein fabelhafter Begleiter, es sei denn, man zieht bei diesen einen Grünen Veltliner aus Österreich vor.

Gourmetröllchen mit Fischfüllung

Wer sagt eigentlich, dass Kohlrouladen immer deftig sein müssen? Es geht auch auf die feine Art, mit einem Hauch von Asienduft.

1 Den Chinakohl in Blätter zerlegen, sie nur in kochendes Salzwasser tauchen, bis sie biegsam sind (das kann bei zarten Köpfen Sekunden dauern, bei winterlich festen Blättern mit dickem Stiel aber bis zu fünf Minuten), danach eiskalt abschrecken.

2 Für die Füllung das Fischfleisch mit einem großen Messer sehr fein würfeln. Dann mit den würzenden Zutaten vermischen und alles mit einem großen Messer sehr fein hacken.

3 Diese Farce gut durchkneten und kräftig abschmecken. Jeweils einen Esslöffel davon auf das untere, dicke Ende eines der Chinakohlblätter setzen, dieses aufrollen und darauf achten, dass an der Seite alles gut verschlossen ist.

4 Die Röllchen auf ein mit Sesamöl bepinseltes Dämpfsieb setzen. Über leise kochendem Wasser etwa acht Minuten gar ziehen lassen.

5 In der Zwischenzeit die Eigelb mit einem Schneebesen dick und cremig schlagen, dabei mit Zitronensaft, Sojasauce und Balsamico (jeweils nur ein paar Tropfen!) würzen. Unter stetem Schlagen esslöffelweise etwas von dem heißen Dämpfsud zufügen, bis eine angenehm cremige Sauce entstanden ist. Nochmals abschmecken.

6 Wenn man mit Stäbchen essen möchte, die Sauce getrennt zu den Röllchen servieren. Man stippt die Röllchen einfach Bissen für Bissen hinein. Speist man lieber mit Messer und Gabel, kann man die Röllchen auf dem Teller servieren und mit der Sauce dekorative Kleckse setzen.

BEILAGE

Wer mag, serviert dazu Reis – es passt aber ebenso gut unser Kartoffelpüree!

GETRÄNK

Ein duftender Weißwein, etwa ein Muskateller vom Kaiserstuhl, oder ein fruchtiger Roter, zum Beispiel ein St. Magdalener aus Südtirol.

ZUTATEN

Für vier bis sechs Personen:

1 kleinerer Chinakohl (ca. 600 g)
Salz

Fischfüllung:
400 g Fischfilet (Meeresfisch z. B. Heilbutt, Seelachs, Rotbarsch, Viktoriabarsch, oder Flussfisch wie Forelle, Zander, Egli)
je 1 gehäufter TL fein gewürfelter Ingwer, Knoblauch, Chili (nach Gusto)
Zitronenschale
je 1 Händchen voll Thaibasilikum- und Korianderblätter
1 TL Sojasauce
1 TL Sesamöl

Sabayon:
2 Eigelb
etwas Zitronensaft
Sojasauce
Balsamico zum Abschmecken
1 Prise Zucker

ZUTATEN

Für vier bis sechs Personen:

je 1 kleiner Weiß- und Rotkohlkopf (à ca. 500 g)
Salz

Lauchfüllung:
1 Zwiebel
3-4 Knoblauchzehen
5 EL Olivenöl
1 Tasse Langkornreis (gut schmeckt Basmati- oder Jasminreis)
1 große, rote Chilischote oder ½ Paprika
ca. 2-3 Tassen Brühe
3 EL Pinienkerne
1 kleine Handvoll schwarze Oliven
1-2 EL Korinthen
1-2 Chilis (frisch oder getrocknet, mit oder ohne Kerne – je nachdem, wie erpicht man auf Schärfe ist)
1 kleines Bund (möglichst glattblättrige) Petersilie oder Minze
500-600 g Lammhackfleisch

Weiße und rote Kohlröllchen mit Lamm

Die Röllchen in zwei Farben sehen schön aus und sind ganz orientalisch abgeschmeckt, mit Pinienkernen und Rosinen und reichlich Petersilie oder Minze.

1 Die Kohlblätter wie oben beschrieben vorbereiten. Für die Füllung gehackte Zwiebel und Knoblauch in zwei Löffeln Olivenöl andünsten. Den Reis, die in halbzentimeterkleine Würfel geschnittene Chilischote oder Paprika zufügen. Eine Tasse Brühe angießen und einige Minuten leise köcheln. Dann die Pinienkerne, die entkernten und gehackten Oliven, die Korinthen und die zerkrümelten oder winzig fein gehackten Chilis sowie die fein gehackte Petersilie oder Minze zufügen. Zugedeckt etwa fünf Minuten quellen lassen. Der Reis soll aber nicht vollkommen gar werden.

2 Das Lammhackfleisch mit diesem vorgegarten Reis vermischen. Die Masse gut abschmecken und locker in die vorbereiteten Blätter packen. Die Röllchen sollten nicht zu groß sein, etwa wie ein Männerdaumen.

3 Sie werden wie Kohlrouladen in zwei Löffeln Olivenöl in einem flachen, breiten Topf rundum angebraten, mit der restlichen Brühe abgelöscht und bei kleiner Hitze fest zugedeckt gegart. Es empfiehlt sich, die Farben getrennt zu garen, das sieht beim Anrichten schöner aus! Beim Garen quillt der Reis auf und die Röllchen werden prall und fest. Zum Schluss die Schmorflüssigkeit in einem hohen Mixbecher mit etwas Olivenöl aufmixen, abschmecken und als Sauce dazureichen.

BEILAGE

Entweder nur Weißbrot oder ebenfalls Kartoffelpüree.

GETRÄNK

Ein feuriger Rotwein aus Sizilien, etwa ein Nero d'Avola.

TIPP

Am besten schmecken die länglichen, oval-schlanken Pinienkerne aus Spanien oder Italien, im Unterschied zu den eher dreieckig geformten, kleineren aus China. Ihre Ernte ist langwierig und aufwendig, deshalb sind sie leider nicht billig. Pinienkerne werden leider leicht ranzig. Das lässt sich jedoch verzögern, wenn nicht gar verhindern, indem man sie einfriert.

Lauch

Superstangen: Lauch

Meistens muss sich der hübsche Lauch ja mit anderen Wurzeln zusammentun, am häufigsten kommt er im Verbund mit Möhre und Sellerie als Suppengrün zu uns in die Küche. Er gibt der Brühe sein grünes, zwiebeliges Aroma – und danach wirft man ihn weg. Das ist schade! Denn eigentlich lassen sich mit Lauch wunderbare Gerichte kochen. Es ist ein einzigartiges Gemüse mit ausgeprägtem Eigengeschmack und trotzdem fein und unaufdringlich.

Lauch oder Porree?

Während man im Süden vom Lauch spricht, werden die weißen Stangen mit dem grünen Schopf im Norden meist Porree genannt – abgeleitet vom lateinischen Namen Allium porrum, das über das französische poireau (was wohl feiner klingt als der bäuerliche Begriff Lauch) nach Deutschland importiert wurde.
Lauch gehört zur großen Familie der Zwiebelgewächse und ist eine der ältesten Gemüsepflanzen, die wir in Europa kennen. Schon die Sumerer haben Lauch kultiviert, im alten Ägypten hat man ihn geliebt, auch in der Küche der Antike, von Griechenland bis ins alte Rom, schätzte man sein würziges Aroma. Kaiser Nero hat man seiner großen Liebe zum Lauch wegen angeblich Porrophagus, also Lauchfresser, genannt. Die Römer brachten das Gemüse auch in unsere nördlicheren Breiten. Und überall wurde der Lauch beliebt, weil er leicht anzubauen ist und auch herbere Temperaturen verträgt.
Man unterscheidet den zarten und milden Sommerlauch, den stämmigeren Herbstlauch und schließlich den festen und intensiven Winterlauch, den man im milden Klima der Pfalz oder am Niederrhein beispielsweise tatsächlich bis ins Frühjahr im Boden lassen und so praktisch rund ums Jahr ernten kann. Lauch lässt sich also eigentlich immer frisch kaufen, man muss davon zu Hause keine Vorräte anlegen.

Lauch beim Einkauf

Natürlich müssen die Stangen frisch und knackig aussehen. Sie sollten sich prall und fest anfühlen, schlaffe Stangen mit gelblich verfärbten Außenblättern liegen schon zu lange im Geschäft. In feuchtes Zeitungspapier gewickelt, kann man ganz frische Stangen noch ein, zwei Wochen im kühlen Keller oder im Gemüsefach aufbewahren. Später trocknet er langsam aus und schrumpft, die Blätter werden von außen her

schlaff und man muss ziemlich viele Schichten entfernen, bis man an das dann hoffentlich noch knackige Herz gelangt. Es klingt wie eine Binsenweisheit: je frischer der Lauch, desto weniger Abfall.

Inhaltsreicher Lauch

Lauch steckt voller guter Dinge: Er ist reich an Vitamin C sowie an lebenswichtigen Spurenelementen wie Kalium, Kalzium, Magnesium, Mangan und Eisen. Außerdem wirkt er (wie alle Zwiebelgewächse) antibakteriell. Er wirkt entwässernd und bei manchen Menschen auch blähend und/oder leicht abführend.

Lauch in der Küche

Viel zu tun hat man mit den Gemüsestangen ja gottlob nicht: Das Wurzelende wird abgeschnitten, dann werden die äußeren, nicht schönen Blätter entfernt. Anschließend muss man die Stange längs aufschlitzen, damit man mit dem Wasserstrahl zwischen die Blattschichten gelangt. Zwischen ihnen steckt nämlich fast immer unglaublich viel Erde und Sand, den man am besten sorgsam unter fließendem Wasser herausspült. Jetzt erst wird der Lauch zugeschnitten – in schmale oder breite Ringe, Streifen oder in entsprechende Stücke. Der weiße Teil der Gemüsestange ist zarter als der grüne, der seine kräftige Farbe und den Geschmack der durch das Licht verursachten Chlorophyllbildung verdankt. Es gibt Rezepte, die sogar vorschreiben, dass man nur das Weiße vom Lauch verwenden soll (die berühmte Vichyssoise, eine sahnige Lauchkartoffelcreme-Suppe zum Beispiel muss ganz hell, fast weiß sein!). Aber der hellgrüne Teil schmeckt genauso gut, ist fast ebenso zart, nur etwas herzhafter im Aroma. Die dunklen Blattspitzen, die meist auch recht derb sind, werden immer weggeschnitten, – sie können im Suppentopf noch für Geschmack sorgen.

ZUTATEN

Für zwei Personen:

4 Lauchstangen (möglichst gleich dick)
Salz, Pfeffer
etwas Zitronensaft oder ein fruchtig-aromatischer Essig (z. B. Himbeeressig, Balsamico oder Chiliessig)
2-3 EL Olivenöl

Marinierter Lauch

Lauwarm serviert passt das Gemüse wunderbar zu kurz gebratenem Fleisch, zu Bratwürsten, zu Geflügel oder auch einfach pur, mit einem Stück krumigem Weißbrot als Vorspeise.

Den Lauch putzen, in Stücke von etwa sechs Zentimetern schneiden. In Salzwasser kochen, bis man mit einem spitzen Messer leicht in das Gemüse eindringen kann – der Lauch sollte schmelzend weich sein! Mit einer Schaumkelle herausheben, abtropfen und auf einer Platte anrichten. Mit Pfeffer bestreuen, etwas Muskat darüber reiben, dann mit Zitrone oder Essig beträufeln und mit Olivenöl marinieren.

ZUTATEN

Für zwei Personen:

250 g Lauch (geputzt gewogen)
300 g gekochte Kartoffeln
2-3 EL Olivenöl (oder auch Butterschmalz)
100 g durchwachsener Bauchspeck in feinen Scheiben
Salz, Pfeffer
eine Prise Cayennepfeffer
1 TL Kümmel

Lauchrösti

Passt als Beilage zu jedem Fleisch, ist aber auch ein hübscher und origineller Imbiss oder sogar ein ganz eigenständiges Essen – womöglich zusammen mit dem marinierten Lauch. Steht übrigens schnell auf dem Tisch, wenn man vom Vortag Kartoffeln übrig hat. (Reste klug einzuplanen oder extra zu produzieren, ist für die schnelle Küche immer sinnvoll!)

1 Den Lauch putzen, schräg in etwa drei Millimeter starke Scheiben schneiden. Die Kartoffeln grob raffeln.

2 In einer Pfanne (gut, wenn sie beschichtet ist) einen Löffel Öl erhitzen, den in feine Streifchen geschnittenen Speck darin andünsten, aber nicht bräunen. Den Lauch zufügen und andünsten. Dabei gut mischen.

3 Wenn die Lauchringe gerade eben zusammengefallen sind, die Kartoffeln zufügen. Jetzt die Hitze ruhig etwas verstärken, denn die Kartoffeln dürfen Farbe annehmen. Statt mit dem Bratenwender zu rühren, ist es besser, die Pfanne zu schwenken und die Zutaten durch Schütteln zu mischen. Dabei mit Salz (sparsam – wegen des ohnehin salzigen Specks!), Pfeffer (ruhig mutig!), etwas Cayennepfeffer (nach Verträglichkeit) und mit Kümmel (nach Gusto) würzen.

4 Wenn sich alles gut vermischt hat, der Lauch bräunt und auch die Kartoffelraspel Bratspuren zeigen, alles auf dem Pfannenboden zu einem Rund formen. Diesen Fladen bei kleiner Hitze langsam braten, dabei rundherum etwas Olivenöl träufeln, damit nichts ansetzt und der Rösti eine schöne Kruste bekommt.

5 Dann den Fladen wenden und auch auf der anderen Seite bräunen. Zum Servieren in Viertel oder Tortenstücke schneiden.

GETRÄNK

Ein vollmundiger Fendant aus dem Wallis, wo man Lauch ganz besonders schätzt – wie überhaupt im westlichen Alpenraum (auch in Savoyen bis hinüber nach Lyon, in der Haute Provence und in Piemont).

TIPP

Zum Wenden eine flache Platte oder einen Topfdeckel auflegen, die Pfanne stürzen, dann vom Deckel zurück in die Pfanne gleiten lassen.

Lauchgratin

ZUTATEN

Für zwei Personen:

250 g gekochte Nudeln (ob Band-, Röhren- oder Öhrchennudeln – nahezu jede Sorte ist geeignet)
2-3 Lauchstangen
2 EL Butter
Salz, Pfeffer
Muskat
100 g geriebener Bergkäse
1 TL rosa Pfefferbeeren
2 Eier
200 ml Sahne
Butterflöckchen

Ein wunderbar einfaches Rezept, das vor allem dann ideal ist, wenn man mal zu viel Nudeln gekocht hat. Dann steht der Auflauf nämlich im Nu auf dem Tisch.

1 Die Nudeln sollten nicht zusammenkleben (damit sie das nicht tun, noch vor dem Erkalten mit etwas Olivenöl durchmischen).

2 Den Lauch putzen, schräg in feine Ringe schneiden (ihre Größe der Dicke der Nudeln anpassen).

3 Die Lauchringe in einer großen Pfanne in der heißen Butter andünsten, bis sie glänzen und eine leuchtende Farbe angenommen haben. Dabei mit Salz, Pfeffer und Muskat würzen. Mit den Nudeln mischen und auch den Bergkäse und die rosa Pfefferbeeren zufügen. In eine feuerfeste, flache Auflaufform geben.

4 Eier und Sahne verquirlen und über dem Gemisch verteilen, einige Butterflöckchen aufsetzen und im 200 °C heißen Backofen (Umluft) etwa 15 bis 20 Minuten (je nach Größe und Tiefe der Form) backen, bis alles brodelt und die Oberfläche zart gebräunt ist.

TIPP

Hübsch ist es, für jeden eine eigene Portion in kleinen Förmchen zu backen.

BEILAGE

Natürlich gehört ein Salat dazu, möglichst aus verschiedenen Blättern, zum Beispiel Endivie, Radicchio, Romana und Chicoree.

GETRÄNK

Ein herzhafter, frischer Rotwein, etwa ein Gamay aus dem Waadtland oder ein Dolcetto aus Piemont. Wir haben dazu einen Beaujolais – der ja auch aus der Gamay-Rebe gekeltert wird – getrunken, der mit seiner Frucht bestens dazu passt.

ZUTATEN

Für vier bis sechs Personen:

1 Paket frischer Strudelteig (oder türkischer Börekteig)
200 g saure Sahne (10% oder Schmand)

Lauchfüllung:
200 g gekochter Schinken (mit Fettrand!) in dünnen Scheiben
2-3 EL Butter
1 EL Mehl
⅛ l Milch
1 Stück Zitronenschale
1 Lorbeerblatt
1-2 EL getrocknete Steinpilze
Salz, Pfeffer
Muskat
5-6 Lauchstangen (ca. 500 g, geputzt gewogen)
1-2 frische rote Chilischoten
2 EL Butter zum Einpinseln
100 bis 150 g Scamorza (geräucherter Mozzarella)

Lauchstrudel

Natürlich kann man den Strudelteig selber machen, und wer ein bisschen Übung hat, findet das auch gar nicht schwer. Aber glücklicherweise gibt's Strudelteig oder Ähnliches nahezu überall fertig im Kühlregal zu kaufen, und der ist gar nicht mal so schlecht. Wenn man den typisch österreichischen nicht findet, kann man auch Börek- oder Yufkateig verwenden, den es in jedem türkischen Lebensmittelgeschäft gibt.

1 Für die Füllung den Fettrand vom Schinken abtrennen, Fettrand fein würfeln und in einem Topf in der Butter auslassen. Das Mehl darin anrösten, aber noch bevor es bräunt, die Milch angießen. Alles dicklich einkochen, dabei Zitronenschale, Lorbeer und zerkrümelte oder gehackte Steinpilze mitkochen. Mit Salz, Pfeffer und Muskat würzen. Es ist nur wenig Sauce, und sehr dick, aber sie reicht aus, den Lauch zu umschließen, sobald er weich gedünstet ist.

2 Den Lauch putzen, waschen und in feine Ringe schneiden. Mit den winzig fein gehackten Chilis in die Sauce geben, vorsichtig untermischen. Den Deckel auflegen, damit der Lauch zusammenfällt. Etwa fünf bis zehn Minuten auf diese Weise dünsten, anschließend noch einmal mit Salz, Pfeffer, Muskat abschmecken. Die Zitronenschale wieder herausfischen und wegwerfen.

3 Den Strudelteig aufrollen und auf Backblechbreite zuschneiden. Die Teigstücke auf dem Papier liegen lassen oder auf ein Tuch betten. Die ganze Teigfläche mit weicher Butter einpinseln. Die Schinkenscheiben auf einem Drittel der Teigplatte wie ein Band auslegen, so dass sie den Boden für die Füllung bilden – der größte Teil der Teigplatte (von der Längsseite her gesehen) bleibt also frei. Die Füllung auf dem Schinkenband verteilen, darüber den in zentimetergroße Würfel geschnittenen Käse betten. Das Tuch (oder Papier) an der mit Füllung bedeckten Seite hochheben und damit den Teig zum Einrollen bringen, gleichmäßig aufwickeln.

4 Diese Rolle mit Hilfe des Tuchs (oder Papiers) auf ein Backblech heben – dabei darauf achten, dass die Naht unten ist – und die Seiten schön einschlagen, damit nichts herauslaufen kann. Die Oberfläche dick mit saurer Sahne einstreichen.

5 Im 200 °C heißen Ofen etwa 25 Minuten backen, dabei immer wieder mit saurer Sahne einpinseln, bis der Strudel schön gebräunt ist.

BEILAGE

Ein bunter Blattsalat mit einer leichten Vinaigrette – am besten nur aus Estragonessig und etwas Olivenöl.

GETRÄNK

Ein kraftvoller, herzhafter Wein, vielleicht aus Österreich. Gut passt auch ein Ruländer oder Grauburgunder aus Baden. Wir haben einen Chardonnay aus Rheinhessen dazu getrunken, der im Barrique gereift war, vom Weingut Wittmann.

VARIANTE:

Lauch im Töpfchen

Den gedünsteten Lauch mit der gut gewürzten, dicken Béchamelsauce in Portionsförmchen verteilen, den gewürfelten Scamorza (oder auch einen anderen Käse) darauf verteilen und im Ofen gut zehn Minuten gratinieren. Brodelnd heiß als kleine Vorspeise servieren. Besonders lecker, wenn man mit etwas Trüffelöl würzt – gibt es im Delikatessenhandel, manchmal auch in guten Kaufhäusern und Supermärkten. Unbedingt darauf achten, dass das Öl mit „natürlichem Trüffelaroma" angereichert ist, nicht mit „naturidentischem" oder, wenn gar kein Zusatz dasteht, einfach mit künstlichem „Aroma". Etwas von dem Öl vor dem Backen zugeben, ein paar weitere Tropfen erst vor dem Servieren.

Lauch aus dem Wok mit Hähnchenbrust und schwarzen Pilzen

Die Chinesen lieben Lauch, weil er, im Wok umhergewirbelt, sekundenschnell den richtigen Biss hat. Und zwar in jeder Hinsicht: knackig für die Zähne und würzig auf der Zunge.

1 Zuallererst die Pilze einweichen: in einem Schälchen mit kochendem Wasser bedecken und ziehen lassen. Dabei vergrößert sich ihr Umfang um ein Vielfaches.

2 Das Hähnchenfleisch von Häuten und Sehnen säubern, in feine Scheibchen schneiden. Dann mit der Stärke einreiben und gut durchmischen.

3 Den Lauch putzen, gründlich waschen, schräg in feine Scheiben schneiden.

4 Im Wok das Öl erhitzen (das neutral schmeckende und das Sesamöl), das Fleisch darin rasch unter Rühren anbraten, dabei Ingwer, Knoblauch, Chili zufügen, salzen und pfeffern. Den Lauch dazugeben und mitbraten, nach einer Minute auch die Morcheln (harte Wurzelenden vorher abschneiden, große Pilze eventuell grob hacken; das Einweichwasser noch aufbewahren!).

5 Mit Zucker bestreuen, alles unter Rühren weiterbratend mischen. Sojasauce und Sherry angießen, schließlich auch einen guten Schuss Pilzeinweichwasser. Einmal aufkochen – fertig. Zum Servieren mit zerzupftem Koriandergrün bestreuen.

BEILAGE

Duftiger Langkornreis. Als zweites Gericht zum Beispiel Schweinefleisch aus dem Wok mit roten Paprikastreifen.

GETRÄNK

Grüner Tee oder Jasmintee. Herrlich schmeckt auch **Ingwertee**, der schnell gebrüht ist: 2-3 TL geriebenen Ingwer in einer Kanne mit ¼ l heißem Wasser aufgießen. Nach Belieben einen Löffel Honig darin auflösen.
Natürlich passt immer ein Pils. Aber auch der Chardonnay hat bestens dazu gemundet.

ZUTATEN

Für zwei bis vier Personen (je nachdem, wie viel weitere Gerichte serviert werden):

2 EL getrocknete Mu Err (chinesische Morcheln)
300 g ausgelöste Hähnchenbrust
1 TL Speisestärke
2 Lauchstangen
2 EL Öl (Erdnuss- oder ein anderes, neutral schmeckendes)
1 TL Sesamöl
1 gehäufter TL fein gewürfelter Ingwer
1 gehäufter TL fein gewürfelter Knoblauch
1-2 frische Chilischoten oder 1-2 große (milde) getrocknete Chilis
Salz, Pfeffer
½ TL Zucker
1 EL Sojasauce
1 EL Sherry
Koriandergrün zum Bestreuen

Gulasch

Gulasch: Immer eine tolle Sauce

Gulasch – das ist eines dieser Lieblingsgerichte, die man leider nicht alle Tage bekommt. Nicht weil es so kompliziert zuzubereiten wäre, sondern weil es etwas kostet, das man heutzutage immer seltener hat: Zeit. Und weil es sich nicht in den Miniportionen zubereiten läßt, die wir in kleinen Haushalten gewohnt sind. Vom Gulasch sollte man nämlich immer gleich einen großen Topf voll kochen, weil sich dann die Aromen besser entfalten und mischen. Auch hier gilt: „... wofür er besonders schwärmt, wenn es wieder aufgewärmt!" Und genau das macht das Gulasch, vor allem in Verbindung mit dem Tiefkühler, dann eben doch sogar für den Single-Haushalt überaus praktisch: Gulasch kann man vorkochen und einfrieren, für die Tage, an denen man keine Zeit (oder Lust) für langwierige Küchenarbeiten hat.

Von Gulasch, Pörkölt, Paprikasch und Tokany

Jeder glaubt, Gulasch sei das ungarische Nationalgericht. Im Prinzip stimmt das auch, allerdings: In Ungarn wird Ihnen als Gulasch eine Suppe aufgetischt. Ein leicht gebundener, schön rötlich leuchtender Sud nämlich, mit kleinen Würfeln von Fleisch und Kartoffeln, mit ge-

zupften Nockerln und hellgrünen Paprikastückchen, eher gekocht als geschmort. Ursprünglich haben die Hirten auf dem Feld diese Suppe im Kessel über dem Lagerfeuer zubereitet, weshalb man sie auch Kesselgulasch nennt. Schmeckt herrlich, hat aber mit dem, was wir unter einem Gulasch verstehen, nichts zu tun.
Bei uns besteht ein Gulasch aus großen Fleischwürfeln, umgeben von einer dicken, aromatischen Sauce, die hauptsächlich aus zerschmurgelten Zwiebeln besteht. Ein wunderbares Gericht, dessen Sauce man mit Kartoffeln, Nudeln jeglicher Art – auch Spätzle oder Nockerln – oder krumigem Brot auftunkt. Diese Speise ist aus der österreichischen Küche zu uns gekommen – dort sagt man Saftgulasch dazu und liebt es als zweites Frühstück am späten Morgen. In Ungarn schätzt man diese Zubereitung ebenso, allerdings heißt sie dort Pörkölt. Und wenn darin Sahne eine Rolle spielt, zum Beispiel beim Kalbsrahmgulasch, sagen die Ungarn Paprikasch. Man macht dort übrigens noch ganz andere Unterschiede: Ist das Fleisch beispielsweise statt in Würfel in längliche Streifen geschnitten, ist es kein Pörkölt oder Paprikasch, sondern ein Tokany ... So weit, so verwirrend.
Bei uns jedenfalls heißt alles Gulasch, und es handelt sich dabei, küchentechnisch gesehen, um ein Ragout: Nämlich geschmorte Würfel von Fleisch in einer würzigen, durch Gemüse angedickten Sauce.

Ob das Fleisch dafür nach allen Regeln der Kunst angebraten wird – also portionsweise, damit die Würfel jeweils rundum eine aromatische Bratkruste bekommen – oder ob es zusammen mit den Zwiebeln angeschmurgelt wird, das kann Gegenstand leidenschaftlicher Diskussionen sein. Die einen schwören auf Ersteres, während sie Letzteres erbittert ablehnen, die anderen können sich das Anbraten überhaupt nicht vorstellen. Es gilt eben auch hier das beruhigende Wort, dass sich über Geschmack ebenso trefflich wie vergeblich streiten lässt.
Um entrüsteten oder auch wohlmeinenden Leser- und Zuschauerbriefen gleich vorzubeugen: Es gibt kein allgemein gültiges oder selig machendes Gulaschrezept – jeder Koch, jede Hausfrau hat seine/ihre ureigene Version, die, wenn sie mit der nötigen Sorgfalt und anständigen Zutaten zubereitet wird, mit Recht geliebt wird. Die Tatsache, dass es für kaum ein Rezept so viele Variationen gibt, bestätigt nur die Genialität der Idee: Fleisch, Gemüse (allem voran reichlich Zwiebeln), herzhafte Würze und Zeit, das ergibt immer ein schmackhaftes Gericht, selbst unter den Händen eines womöglich gar nicht so geübten Kochs. Nur ein paar Regeln sollte man beherzigen:

Das richtige Fleisch

Man ahnt es schon: Wenn lange geschmort wird, ist Kurzbratfleisch ungeeignet. Kein teures Filet oder Steakfleisch, sondern die angenehm preiswerten Teile sind hier glücklicherweise Trumpf! Sie sollten durch-

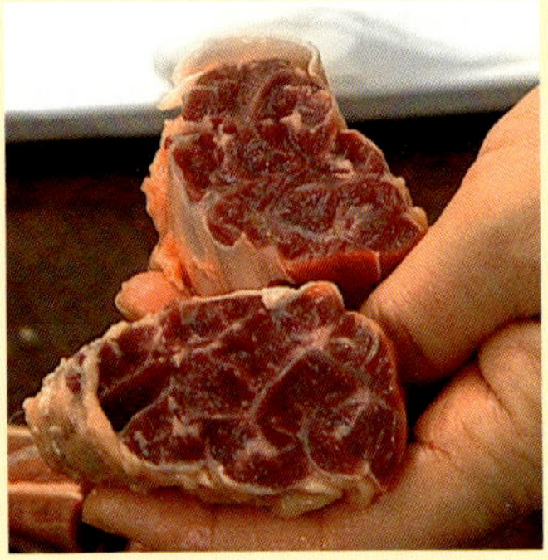

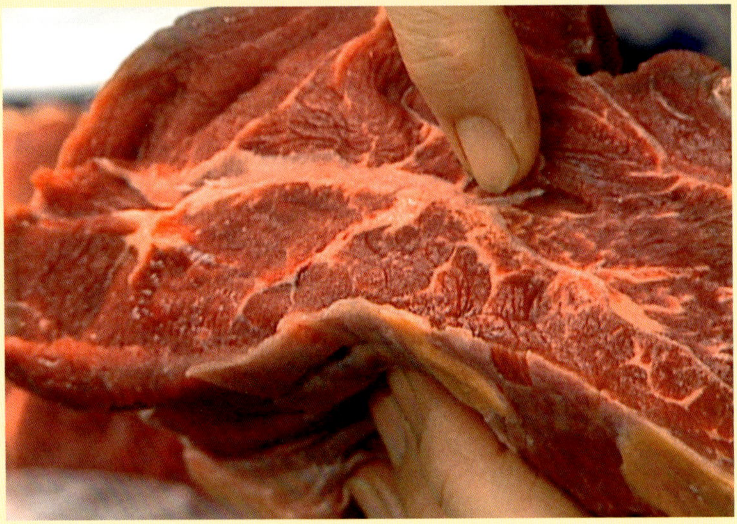

wachsen sein von Sehnen, deren Gallerte dem Fleisch Saft und Kraft gibt, und von Fett, das bekanntlich das Aroma verstärkt. Für das klassische Gulasch muss es Rindfleisch sein. Natürlich kann man beim Metzger einfach Gulaschfleisch verlangen, der hat ja meist eine große Schüssel in der Theke, in die jene Stücke gewandert sind, die schon beim Zerlegen heraus- und in Würfel geschnitten wurden, weil sie sich zum Kurzbraten nicht eignen. Aber im fertigen Gulasch erweisen sich dann manche Fleischwürfel als wundervoll zart, saftig und mürbe, während man auf anderen ziemlich zäh herumkaut. Deshalb wird, wer anspruchsvoll ist, ganz gezielt jene Teile verlangen, die garantieren, dass jeder Bissen ein Genuss ist. Von der Schulter sind die knorpeligen Teile des Bugs geeignet, auch aus dem Hals lässt sich schönes Gulaschfleisch schneiden. Für uns das allerbeste Gulaschstück ist jedoch die Wade, die zwar kaum Fett hat, aber sehr gleichmäßig von Sehnen und Flachsen durchzogen ist und ein unnachahmlich saftiges Gulasch ergibt. Ähnlich ist das unterhalb des Tafelspitzes am Hinterviertel gelegene, sehr dicht von Sehnen durchzogene Stück, das man in Österreich Gschnattel oder Kruspelspitz nennt: das ist das Fleisch zwischen der 6. und 8. Rippe beim Rind – in Deutschland allerdings löst kaum ein Metzger dieses Stück eigens aus. Vielleicht, wenn man ihn nett darum bittet?
Beim Kalb ist es nicht so schwierig: Da nimmt man am besten den Hals oder löst sich das Fleisch von der Haxe aus. Das Gleiche gilt auch fürs Schwein oder fürs Lamm.

Der Paprika

Ohne Paprika gibt es kein Gulasch, sondern allenfalls ein normales Ragout. Erst durch die Farbe und Würze des roten Pulvers entsteht der typische Geschmack – und, nicht zu unterschätzen, die richtige Konsis-

tenz. Denn das im Fett angeschwitzte Paprikapulver macht die Sauce sämig, gibt ihr die richtige „Molligkeit“, wie man in Österreich gerne sagt. Da spürt man geradezu, wie weich und wohlig sich das im Mund anfühlt.
Paprika gibt es in unterschiedlichen Schärfegraden. Bei uns kennt man allerdings von den fünf, die in Ungarn gehandelt werden, nur zwei: den milderen Delikatesspaprika und den scharfen Rosenpaprika. Als Faustregel kann man sich merken: Je röter, umso milder ist das Pulver. Denn für den milden Delikatesspaprika verwendet man nur das leuchtend rote Fruchtfleisch, von dem zuvor die Scheidewände mit den Kernen entfernt wurden. In diesen steckt nämlich die Schärfe, und je nachdem, wie viel man von ihnen getrocknet und gemahlen zum reinen Fruchtfleisch zugibt, wird das Pulver heller, eventuell auch bräunlicher. Während des Mahlens karamellisiert durch die dabei entstehende Hitze ein Teil des in den Schoten enthaltenen Zuckers, was maßgeblich zur geschmacklichen Entfaltung und Abrundung gerade des ungarischen Paprikapulvers beiträgt.
Wie viel man von welcher Sorte für sein Gulasch verwendet, ist natürlich Geschmackssache. Meist dünstet man zu Beginn mehr vom milden Paprika an, um dem Gulasch eine schöne Farbe zu geben und die Sauce anzudicken. Die rechte Schärfe fügt man dann am Ende, beim Abschmecken, hinzu.
Wichtig: Paprikapulver verbrennt leicht und wird dann bitter. Deshalb stets den Topf vom Feuer ziehen, wenn „papriziert“ wird, wie man in Österreich diesen Vorgang nennt; auf keinen Fall das Pulver rösten! Falls man das Pulver in das fertige Gericht rühren will, nicht einfach hineinstreuen, dann klumpt es leicht, sondern in einem Schälchen mit einem Löffel Sauce oder Sahne auflösen und dann in den Topf rühren.

Klassisches Rindsgulasch

ZUTATEN

Für sechs bis acht Personen:

2-2,5 kg Fleisch von der Wade (oder vom Bug oder den Rippen)
2-3 EL Öl oder Schmalz
Salz, Pfeffer
1 gestrichener EL Kümmel
50 g durchwachsener Bauchspeck in Scheiben
ca. 1 kg Zwiebeln
2-3 Knoblauchzehen
2 gehäufte EL Delikatesspaprika
2 EL Essig
ein Glas Weißwein (nach Gusto)
Rosenpaprika zum Schärfen
nach Belieben je ½ grüne und rote Paprikaschote
eventuell 1 Bund Schnittlauch

Sicherheitshalber sollten Sie das Fleisch beim Metzger rechtzeitig vorbestellen, er muss es meist eigens auslösen. Erklären Sie ihm, wofür Sie es brauchen, dann hat er womöglich noch einen anderen Vorschlag, welches Stück er für geeignet hält.

1 Das Fleisch in nicht zu kleine Würfel schneiden, ca. 3-5 Zentimeter. Denn: je größer das Fleischstück, desto saftiger bleibt es nach dem Schmoren. Kleine Würfel können leicht zu trocken geraten.

2 Öl oder Schmalz in einem großen, mehr flachen als hohen Topf erhitzen. Die Fleischwürfel portionsweise darin anbraten. Immer nur so viele hineingeben, wie nebeneinander auf dem Topfboden Platz haben. Zunächst unbewegt braten lassen, bis sich die Würfel leicht vom Topfboden lösen lassen, dann wenden und auf allen Seiten kräftig anbraten. Dabei ausreichend salzen, pfeffern und ruhig auch jetzt bereits den Kümmel hineinstreuen (wer nicht gern auf die Samen beißt, hackt ihn zuvor mit einem großen Messer klein).

3 Erst wenn das Fleisch angebraten ist, den Speck zufügen, den Sie mittlerweile in feine Streifen oder Würfel geschnitten haben. Inzwischen auch die Zwiebeln fein würfeln und den Knoblauch hacken. Bevor sie jedoch in den Topf kommen, wird „papriziert“: Das Pulver gleichmäßig über die brutzelnden Fleischwürfel streuen, dabei den Topf vom Herd ziehen und sofort alles mit Essig beträufeln – auch das verhindert, dass der Paprika zu heiß wird. Außerdem entlockt es ihm

sein intensives Rot und gibt der Sauce Geschmack. Gründlich umrühren, bis alles rot leuchtend damit überzogen ist.

4 Jetzt die Zwiebeln und Knoblauch zufügen und alles sorgsam mischen. Wer mag, löscht nun mit einem Glas Wein ab, das schadet nicht, ist aber nicht nötig; Wasser allein tut's auch! Immer nur glasweise Wasser angießen, nicht alles einfach damit bedecken. Es soll langsam und leise schmurgeln, nicht in viel Flüssigkeit kochen!

5 Zugedeckt das Gulasch leise garen, immer wieder überprüfen und gegebenenfalls Wasser nachgießen – und vor allem umrühren! Das ist wichtig, damit die Zwiebeln schön zerfallen und die Sauce binden, aber auch, damit die Fleischwürfel im Topf immer wieder von oben nach unten befördert werden.

6 Nach etwa drei Stunden (ruhig auch vier: Das Wadenfleisch braucht seine Zeit!) ist das Gulasch fertig. Jetzt wird es abgeschmeckt, vor allem mit Rosenpaprika geschärft. Nach Belieben kann man noch Gemüsepaprika in feine Streifen oder Würfelchen schneiden und einige Minuten mitschmurgeln lassen. Oder Schnittlauchröllchen einrühren.

BEILAGE
Salzkartoffeln passen wunderbar, es genügt aber auch ein einfaches, dickes Bauernbrot.

GETRÄNK
Ein Pils zischt dazu geradezu himmlisch. Aber es passt natürlich auch ein Wein, zum Beispiel ein kraftvoller Riesling aus der Wachau oder aus dem benachbarten Kremstal.

ZUTATEN

Für sechs Personen:

2 kg Kalbfleisch (vom Hals, der Haxe oder vom Brustspitz)
2-3 Zwiebeln
3 EL Butterschmalz oder Öl
1-2 Knoblauchzehen
Salz, Pfeffer
2-3 Pimentbeeren
2 gestrichene EL Delikatess-paprika
1 TL Rosenpaprika
Muskat oder Macis (gemahlene Muskatblüte)
1 gehäufter EL Tomatenmark
die hauchdünn abgeschnittene Schale einer halben Zitrone
nach Belieben 3-4 Petersilien-zweige und 2-3 Lauchblätter
sowie 1 Glas Weißwein, Wasser
100 g Crème fraîche

Kalbsrahmgulasch

Das zarte Kalbfleisch hat eine erheblich kürzere Garzeit als sehnenreiches Rindfleisch. Damit die Zwiebeln sich trotzdem auflösen und die Sauce binden können, werden sie sehr fein geschnitten und zunächst an-, fast schon ein wenig weich gedünstet, bevor das Fleisch in den Topf gelangt.

1 Das Fleisch in gulaschgroße Würfel (ca. 3-5 Zentimeter) schneiden. Die Zwiebeln fein würfeln und in einem großen, flachen Topf im heißen Fett andünsten, sie sollen darin leise schmurgeln und nur ganz langsam einen Hauch von Farbe annehmen, also die Hitze unterhalb der mittleren Stufe einstellen.

2 Wenn die Zwiebeln weich sind, den gehackten Knoblauch zufügen und gleich danach das Fleisch – portionsweise, damit die Temperatur im Topf nicht zu stark abgesenkt wird. Das Fleisch soll jetzt mit den Zwiebeln schmurgeln, deshalb darf die Hitze nun verstärkt werden: Das Fleisch soll deutlich bräteln, wobei der dabei austretende Saft verhindert, dass die Zwiebeln zu sehr rösten. Ständig rühren und umwenden, damit alle Fleischwürfel rundum mit der Hitze in Kontakt kommen. Währenddessen salzen, pfeffern und die mit der Messerschneide zerdrückten Pimentbeeren zufügen.

3 Erst wenn alles richtig durchgeschmort ist, das Paprikapulver untermischen – zuerst das milde, leuchtend rote, dann ein wenig von dem helleren, scharfen (den Rest beiseite stellen). Muskat oder Macis sowie das Tomatenmark zufügen. Jetzt nicht mehr rösten, sondern gleich mit etwas Wasser (oder Wein) ablöschen, noch bevor das Schmurgelgeräusch intensiver wird und damit zu starke Hitze verrät.

4 Zweifingerhoch Wasser angießen und die Temperatur so regeln, dass die Flüssigkeit gerade eben ganz sachte Bläschen aufsteigen lässt. Nach Belieben Zitronenschale, Petersilienstiele (die Blätter abzupfen und für später beiseite legen) und Lauch zu einem Päckchen zusammenschnüren und zwischen die Fleischwürfel betten. Das Gulasch zugedeckt eine knappe Stunde köcheln lassen.

5 Ab und zu umrühren und die Flüssigkeit überprüfen; wenn nötig, einen Schuss Wasser angießen.

6 Für die letzten zehn Minuten die mit dem restlichen scharfen Paprikapulver verquirlte Crème fraîche unterrühren. Am Ende nochmals abschmecken, eventuell noch mit Zitronenschale aromatisieren, und gehackte Petersilie untermischen. Das Kräuterpäckchen herausfischen und wegwerfen.

BEILAGE

Dazu liebt man in Österreich **Nockerln,** eine Art dicke Spätzle. Hierfür rührt man 300 g Mehl, 4-5 Eier und eine gute Prise Salz zu einem weichen, luftigen Teig – dabei einen guten Schuss lauwarmes Wasser einarbeiten. Tüchtig mit dem Holzlöffel schlagen, bis der Teig Blasen wirft. 20 Minuten ruhen lassen, anschließend durch ein Sieb mit haselnussgroßen Löchern in kochendes Salzwasser streichen. Nach kurzer Zeit schwimmen die Nockerln oben, dann sind sie gar. Mit einer Schaumkelle herausfischen und in einer Schüssel mit heißem Wasser baden, damit sie überschüssige Stärke abgeben und nicht zusammenkleben. Durch ein Sieb abtropfen lassen. Zum Servieren entweder in der Mikrowelle erhitzen (in einem Gefrierbeutel vor dem Austrocknen geschützt) oder in einer Pfanne in etwas heißer Butter schwenken. Natürlich kann man auch fertige Nudeln dazu essen – aber Nockerln schmecken besser, weil sie die Sauce ganz anders aufnehmen.

GETRÄNK

Ein gehaltvoller, dichter Chardonnay aus dem Burgenland, der im Holzfass gereift ist.

ZUTATEN

Für sechs Personen:

2 kg Lammfleisch (ausgelöste Schulter, auch Wade oder Hals)
2-3 EL Olivenöl
Salz, Pfeffer
2-3 Zwiebeln
3-4 Knoblauchzehen
2 Möhren
2 EL Delikatesspaprika
Rosenpaprika nach Geschmack
1-2 EL Tomatenmark
1 EL Essig
1 l Wasser
2 Thymianzweige
1 Rosmarinzweig
3-4 dicke Kartoffeln
nach Belieben 2-3 Tomaten,
2-3 helle ungarische Spitzpaprika
200 g saure Sahne
nach Belieben Petersilie oder Schnittlauch

Lammgulasch

In Ungarn würde man dafür das Fleisch von einem ausgewachsenen Schaf nehmen, so wie die Hirten, wenn sie sich auf dem Feld im großen Kessel über dem Lagerfeuer ihr Gulasch kochten. Auch unser Lammgulasch ist im Grunde ein richtiger Eintopf. Übrigens die ideale Mitternachtssuppe, die wieder zu neuen Lebensgeistern verhilft.

1 Das Fleisch gulaschgroß (ca. 3-4 Zentimeter) würfeln. In einem breiten, geeigneten Topf portionsweise in Öl anbraten, dabei salzen und pfeffern.

2 Gewürfelte Zwiebeln erst zufügen, wenn das Fleisch rundum schön kross ist. Dann die Hitze reduzieren und die Zwiebeln eher dünsten als braten. Gehackten Knoblauch und sehr klein, möglichst exakt gewürfelte Möhren unterrühren. Schließlich alles mit Paprika bestäuben und das Tomatenmark zufügen.

3 Wenn alles rot leuchtet, aber noch bevor es zu brutzeln beginnt, Essig darüberträufeln. Mit Wasser ablöschen. Die Kräuterzweige einlegen, zugedeckt insgesamt eine gute Stunde köcheln lassen.

4 Nach der Hälfte der Zeit die gewürfelten Kartoffeln, nach einer weiteren guten Viertelstunde die gehäuteten und gewürfelten Tomaten sowie die in ebenso kleine Würfel geschnittenen Paprika einrühren. Am Ende die Kräuter herausfischen und wegwerfen. Nach Belieben stattdessen Schnittlauch oder Petersilie unterrühren. In einer Terrine zu Tisch bringen. Die saure Sahne getrennt dazu servieren, davon rührt sich jeder nach Gusto einen Löffel in seine Portion.

BEILAGE

Man isst das Lammgulasch mit einem Löffel aus tiefen Tellern. Dazu braucht man nicht mehr als herzhaftes Bauernbrot.

GETRÄNK

Ein fruchtiger Rotwein, zum Beispiel aus Ungarn oder wieder aus dem Burgenland, das ja einst zu Ungarn gehörte und wo heute ausgezeichnete Rotweine gekeltert werden. Zum Beispiel auch die neuerdings aus Frankreich importierten Sorten Syrah, Merlot und vor allem Cabernet Sauvignon.

Hähnchencurry

Was ist ein Curry anderes als ein Gulasch? Mit Hähnchenfleisch ist es leicht und bekömmlich und obendrein schnell gar, also kein Stunden-, sondern ein Minutengulasch!

1 Das Hähnchenfleisch quer in Scheiben, diese in Streifen schneiden. Mit Stärke überpudern und damit einmassieren. Frühlingszwiebeln putzen und waschen, das Weiße in halbzentimeterbreite Ringe schneiden, das Grün in feinere Ringe schneiden und beiseite legen. Knoblauch und Ingwer fein würfeln.

2 Das Öl in einem Topf erhitzen, das Fleisch unter Rühren darin anbraten. Dabei salzen und pfeffern und auch sogleich das Weiße der Zwiebeln, Ingwer und Knoblauch zufügen. Dann die Currypaste unterrühren und kurz mitrösten, bevor mit Kokosmilch abgelöscht wird. Mit Zitronensaft, Fischsauce und Zucker würzen. Drei bis vier Minuten leise köcheln lassen.

3 In der Zwischenzeit die Bambussprossen in feine Streifen schneiden und am Ende zusammen mit den Erbsen in das Curry rühren. Nur noch aufkochen und nochmals abschmecken. Wenn vorhanden, Thaibasilikumblätter einrühren, notfalls glatte Petersilie.

BEILAGE

Duftiger Reis, zum Beispiel Basmati oder Jasminreis.

GETRÄNK

Grüner Tee, Zitronengras- oder Ingwertee. Wasser ist natürlich das klassische Getränk, wenn es Schärfe lindern soll. Der Weinliebhaber sollte einen aromatischen Wein wählen, zum Beispiel einen Sauvignon Blanc aus Neuseeland oder Südafrika.

ZUTATEN

Für vier bis sechs Personen:

400 g ausgelöste Hähnchenbrust
1 TL Speisestärke
4 Frühlingszwiebeln
2-3 Knoblauchzehen
1 walnussgroßes Stück Ingwer
3 EL geschmacksneutrales Öl
1-2 TL rote Thaicurrypaste
400 ml Kokosmilch (Tetrapack oder Dose)
2 EL Zitronensaft
1 EL Fischsauce
½ TL Zucker
150 g Bambussprossen
150 g Erbsen
Thaibasilikum oder Petersilie

Ostermenü

Ostermenü: Frühlingsfrisch und mühelos

Wenn zu Ostern die Natur erwacht, die Blätter grünen, Tulpen und Narzissen blühen, dann will man den Frühling auch auf dem Teller spüren. Daher gibt es bei unserem Menü zuerst einen schnittlauchwürzigen Salat, begleitet von duftenden, würzigen Buchteln – das ist ein krumiges Gebäck aus einem reichhaltigen Hefeteig, inspiriert von der österreichischen Mehlspeise, die ja unseren Dampfnudeln verwandt ist. Aber diesmal nicht süß, sondern herzhaft gefüllt: mit Speck, Walnüssen, viel Thymian und Petersilie.
Unser Hauptgericht ist genau das Richtige für alle, die sich am Ostersonntag nicht viel Mühe machen, aber zugleich der Tradition folgen wollen: Ein saftiger Osterschinken, dazu zwei pfiffige Saucen und duftende Rosmarinkartoffeln. Macht alles kaum Arbeit und hat obendrein den Vorzug, dass man das meiste bestens vorbereiten kann.
Und dann ein Dessert, das in seiner Einfachheit kaum zu übertreffen ist: Wir haben ihm den Namen Rote Zora verpasst, in Anlehnung an die Rote Inge – Sie erinnern sich? Das geniale Rezept für eine umwerfende Nachspeise aus Baiser, Himbeeren und Schlagsahne. Die Rote Zora ist nicht minder einfach und ebenso überwältigend!

Vorspeise

Kräuterbuchteln und Schnittlauchsalat

Tatsächlich: Hauptzutat in diesem Salat ist Schnittlauch. Jetzt sprießt er so richtig, ist straff und würzig und in großen Mengen zu haben. Dieser frühlingsfrische Schnittlauch ist voller Zwiebelkraft, das fördert die Durchblutung, bringt die Verdauung auf Trab und sorgt für den Frühjahrsputz im Körper. Aber als Erstes setzen wir den Hefeteig für die Buchteln an:

1 Das Mehl in die Schüssel der Küchenmaschine füllen. Die Hefe mit der Hälfte der lauwarmen Milch verrühren und zum Mehl gießen. Unter einem Tuch zehn Minuten gehen lassen, bis sich Schaumbläschen kräuseln. Dann die Maschine einschalten, die weiche oder sogar flüssige Butter, das Ei, die Prise Zucker, Salz, nach Belieben Zitronenschale zufügen – und so viel von der restlichen Milch, bis ein glatter, nicht zu fester Teig entstanden ist. Herausheben, auf der Arbeitsfläche noch mal mit der Hand durchwalken, schließlich in eine mit Mehl ausgestäubte Schüssel betten und zugedeckt eine Stunde gehen lassen, bis sein Umfang auf gut das Doppelte angewachsen ist.

ZUTATEN

Für vier bis sechs Personen:

Hefeteig:
300 g Mehl
20 g Hefe (½ Würfel)
ca. ⅛ l Milch
75 g Butter
1 Ei
1 Prise Zucker
½ TL Salz
eventuell etwas abgeriebene Zitronenschale

Walnuss-Speck-Füllung:
100 g Speck in dünnen Scheiben
100 g Walnüsse
je 2-3 Thymianzweige und Petersilie
eventuell 1 Chilischote
Salz, Pfeffer
Butter zum Bestreichen
ein Hauch von Delikatess-paprika zum Überstäuben

Schnittlauchsalat:
4-6 Bund Schnittlauch
4-6 Ostereier (hart gekocht)
100 g saure Sahne (10%)
2-3 EL Olivenöl
2 EL Apfelessig
Salz, Pfeffer

2 Unterdessen für die Füllung den Speck fein würfeln und in einer Pfanne sanft auslassen, die gehackten Walnüsse zufügen und mitrösten. Den Thymian von den Stielen streifen und zusammen mit der fein gehackten Petersilie und Chilischote untermischen. Mit Salz und Pfeffer würzen.

3 Den Teig auf der bemehlten Arbeitsfläche zwei Zentimeter dick ausrollen, in Quadrate von ca. drei Zentimeter Kantenlänge schneiden. Jeweils einen Teelöffel Nussmasse in die Mitte setzen, die Ecken darüber zusammenschlagen und gut verschließen. Die Teigkugeln auf dieser Nahtstelle nebeneinander in eine dick mit flüssiger Butter ausgestrichene, flache, feuerfeste Form setzen.

4 Unter einem Tuch erneut eine knappe Stunde gehen lassen. Alsdann die Buchteln, die sich jetzt schön gleichmäßig hochwölben, mit Butter einpinseln. Bei 200 °C (Heißluft 180 °C) etwa 30 Minuten goldbraun backen. Die Buchteln schmecken am besten lauwarm – sehr vorsichtig mit einem Hauch von süßem Paprika (Delikatesspaprika) bestäubt.

5 Für den Salat den Schnittlauch mit einem großen scharfen Messer quer in feine Röllchen schneiden. Die Ostereier pellen und fein würfeln (es schmeckt besser, wenn man sie von Hand würfelt statt mit dem Eierschneider – die dabei entstehende Unregelmäßigkeit bringt das Aroma besser zur Geltung!). Alles in einer Schüssel mit Sauerrahm, Öl, Essig, Salz und Pfeffer mischen und gut abschmecken.

GETRÄNK

Ein leichter Riesling Kabinett von der Nahe; wir haben einen 2002-er Leistenberg vom Weingut Dönnhoff, Oberhausen/Nahe, dazu getrunken.

Hauptgericht

ZUTATEN

Für sechs Personen:

1,5 kg gepökelte und angeräucherte Schweineschulter (Schäufele oder Kasseler)
1 TL Salz
1 TL Wacholderbeeren
1 EL Pfefferkörner
2 Lorbeerblätter
nach Gusto 1 EL Senfkörner

Rosmarinkartoffeln:
1,2 kg möglichst kleine, festkochende Kartoffeln gleicher Größe
3-4 Rosmarinzweige
1-2 EL grobes Meersalz
2-3 EL Olivenöl

Osterschinken

Für das Hauptgericht müssen Sie rechtzeitig Ihrem Metzger Bescheid geben. Er soll ein schönes Stück aus der Schulter oder auch vom Hals eines glücklichen Schweins pökeln (Schwäbisch Hällisches, Bentheimer oder vom Waldschwein) und ein kleines bisschen anräuchern. Letzteres ist nicht nur gut für den Geschmack, sondern auch für eine bessere Haltbarkeit. Sie können auch rohes Kasseler nehmen.

1 Einen Topf aussuchen, in den das Fleischstück gerade eben hineinpasst. Ihn zu drei Vierteln mit Wasser füllen, die Gewürze zufügen und aufkochen. In das aufwallende Wasser den Schinken einlegen, dann die Hitze so regulieren, dass das Wasser nicht mehr kocht, sondern sich nur ganz leise bewegt. Den Deckel nicht ganz auflegen, damit das Wasser auf keinen Fall ins Kochen gerät. Den Schinken je nach Größe zwischen 75 und 90 Minuten ziehen lassen.

2 Unterdessen die Kartoffeln vorbereiten: Gründlich abbürsten, auf einem Blech oder in einer feuerfesten Form verteilen, in der sie nebeneinander Platz haben. Rosmarinnadeln und das Salz dazwischen streuen. Alles mit Olivenöl beträufeln. Bei 200 °C (Heißluft 180 °C) im

TIPP

Probieren Sie etwas von dem rohen Schinken – ist er sehr salzig, geben Sie kein Salz in das Wasser, ist er jedoch mild, müssen Sie ein wenig salzen, denn sonst wird der Schinken ausgelaugt, weil das Salz einerseits Wasser in den Schinken zieht, sich andererseits mitsamt den Aromen im Wasser löst.

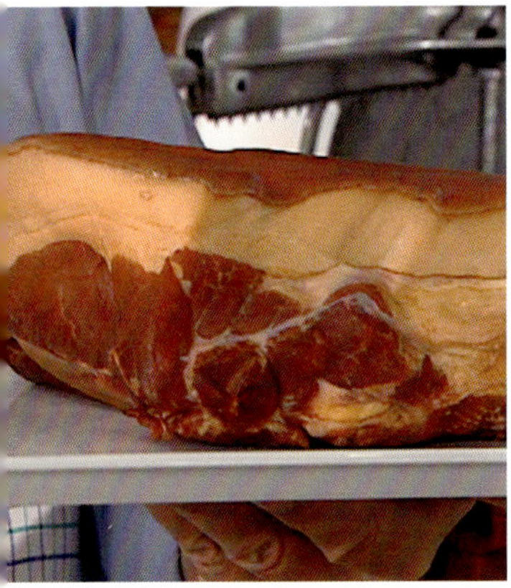

Orangen-Chili-Salsa:
2 EL Pinienkerne
1 Orange
3-4 rote Chilis (frisch, je nach Gusto die kleinen scharfen Thaichilis oder die größeren, eher milden)
je 1 EL fein gehackter Ingwer und Knoblauch
1 EL thailändische Fischsauce
1 Händchen voll Korianderblätter
1 TL Zucker
Saft einer Zitrone

Kresse-Senf:
100 g Delikatesssenf mittelscharf
50 g Kresse
Meerrettich

vorgeheizten Backofen knapp eine Stunde backen – die genaue Zeit hängt von der Größe der Kartoffeln ab, deshalb bereits 10 Minuten vor Ablauf dieser Zeit überprüfen: mit einer Rouladennadel oder einem spitzen Küchenmesser hineinstechen – gleiten sie mühelos hinein, sind die Kartoffeln gar.

3 Die Saucen: Für die Salsa die Pinienkerne in einer trockenen Pfanne rösten, dabei die Pfanne immer wieder schwenken, damit die Pinienkerne nicht zu dunkel werden. Wenn die Orange wirklich unbehandelt ist, die Schale vorher abreiben, sonst die Frucht gleich filieren: Mit einem Messer die Schale abschneiden, dabei auch die innere weiße Haut entfernen und dann das Fleisch aus den Hautkammern schneiden, den Saft dabei auffangen. Alle Zutaten, auch die Korianderblätter, auf einem großen Arbeitsbrett mit einem großen Messer hacken und dabei miteinander mischen. In ein Saucenschüsselchen füllen und mit Zucker, dem aufgefangenen Orangensaft, der Orangenschale und mit Zitronensaft verrühren. Abschmecken: deutlich süß-scharf-säuerlich-fruchtig!
Für den Kressesenf den Senf mit der feingehackten Kresse verrühren, frisch geriebenen Meerrettich nach Geschmack untermischen.

4 Den Schinken dünn aufschneiden, am besten auf der Aufschnittmaschine, und auf einer vorgewärmten Platte schön akkurat anrichten. Dazu die Saucen und die Kartoffeln reichen.

GETRÄNK

Ein Festtagswein, am liebsten ein kraftvoller und trotzdem eleganter Burgunder – entscheiden Sie selbst, ob es einer aus Burgund-Burgund, also aus Frankreich, sein soll oder einer aus Deutschland. Wir haben mit Vergnügen eine nicht zu junge Spätburgunder Spätlese vom Weingut Gies-Düppel in Birkweiler/Pfalz dazu getrunken.

Himbeerspeise „Rote Zora“

Dessert

Eine Variante zu unserem beliebten Baiser-Dessert „Geheimnis der Roten Inge“ (siehe: Lauter Leibgerichte, Seite 140), die auf den ersten Blick leicht und schlank anmutet, es dann aber doch ganz schön in sich hat ...

Joghurt mit Zucker und Zitronenschale glatt rühren und mit Zitronenlikör würzen. Die steif geschlagene (ungezuckerte) Sahne unterziehen und schichtweise mit den gefrorenen Himbeeren in eine Glasschüssel füllen. Obenauf den braunen Zucker gleichmäßig dick verteilen. Für einige Stunden in den Kühlschrank stellen, bis der Zucker zu einer richtigen Kruste verschmolzen ist. Servieren und die Gäste beobachten, die von dieser Speise in kürzester Zeit nichts, aber auch gar nichts übrig lassen ...

GETRÄNK

Dazu passt ein fruchtiger Sekt, ein prickelnder Apfelwein oder ein leichter, junger Beaujolais. Wir haben dazu eine 2001 Riesling-Auslese Halenberg sehr harmonisch gefunden, wieder von der Nahe (um den Kreis zu schließen), vom Weingut Emrich-Schönleber in Monzingen.

ZUTATEN

Für sechs Personen:

400-500 g Schafsjogurt
(ersatzweise Sahnequark)
1 EL Zucker
abgeriebene Zitronenschale
2-3 EL Zitronenlikör
200 ml Schlagsahne
400 g gefrorene Himbeeren
200 g brauner Rohrzucker

Geniales Hähnchen

Geniales Hähnchen: Einfach, pfiffig und super lecker!

Hähnchenfleisch ist mager, bekömmlich und leicht. Es ordnet sich gern allen nur vorstellbaren Geschmäckern, Gewürzen und Aromen unter. Nicht umsonst liebt man es rund um den Erdball in den verschiedensten Küchen und in den unterschiedlichsten Zubereitungen. Und trotz aller Aufregungen, von Vogelgrippe bis Salmonellen, darf und soll man es essen. Allerdings: Kaufen Sie vorsichtshalber trotzdem kein billiges Sonderangebot, sondern bei einem vertrauenswürdigen Händler oder Erzeuger. Und im Supermarkt das Geflügel aus einem kontrollierten, zertifizierten Betrieb. Dann können Sie nämlich ziemlich sicher sein, dass Sie gute Qualität zu einem anständigen Preis bekommen. Und das werden Sie schmecken!

Hähnchen & Hühnchen

Im Allgemeinen kann es sich bei einem Brathähnchen – neudeutsch auch Broiler genannt – bei uns genauso gut auch um Hühnchen handeln: das Geschlecht ist unerheblich, weil die Tiere noch vor ihrer Geschlechtsreife geschlachtet werden. Sie sind dann ca. fünf bis sechs Wochen alt und wiegen etwa ein Kilogramm. Größere Tiere, die nach sieben bis acht Wochen bereits um die 1500 kg auf die Waage bringen, werden als Poularden angeboten. Kleinere Hühnchen oder Küken sind im Schnitt vier Wochen alt und wiegen zwischen 450 und 600 Gramm. Hähnchen werden heute küchenfertig und ohne Innereien angeboten. Man bekommt sie frisch oder tiefgekühlt, im Ganzen oder in Teilen. Klar: Je jünger, desto zarter das Fleisch. Das von ausgewachsenen Hähnchen ist natürlich nicht nur kräftiger in der Struktur, sondern auch im Geschmack.

Gefülltes Brathuhn mit Shiitakepilzen

Mit unserem Rezept wollen wir zeigen, dass so ein stattliches Brathuhn eine Delikatesse ist und eine wahre Festmahlzeit sein kann.

1 Für die Füllung die Pilze eine Stunde vorher reichlich mit kochendem Wasser bedecken und einweichen (das Einweichwasser anschließend nicht wegschütten).

2 Das Brathuhn innen und außen sauber wischen. (Die Flügelspitzen abschneiden und mit Wasser bedeckt, zusammen mit einem Bund Suppengrün, für eine Brühe auskochen.)

3 Für die Füllung Ingwer, Knoblauch, Frühlingszwiebeln und Chilis fein hacken und in etwas Öl andünsten. Die fein gewürfelten Pilzhüte zufügen (die Stiele entfernen und in den Suppentopf werfen). Das Ganze mit etwas Einweichwasser ablöschen und mit Sojasauce würzen. Eine Minute leise köcheln lassen.

4 Das Brot unterdessen in feine Scheibchen, dann in Würfel schneiden und in eine Schüssel geben. Mit dem Pfanneninhalt übergießen. Falls nötig, noch etwas Einweichwasser von den Pilzen zufügen. Das Brot soll langsam aufweichen. Alles mit der Hand gründlich mischen,

ZUTATEN

Für vier bis sechs Personen:

1 schönes, großes Brathuhn (Poularde von ca. 1500 g)
2 Zitronen
2-3 EL Sojasauce
1 EL Honig

Pilzfüllung:

ca. 12 getrocknete Shiitakepilze
1 walnussgroßes Stück Ingwer
2 Knoblauchzehen
2 Frühlingszwiebeln
2 Chilis
2 EL Öl
1-2 EL Sojasauce
2 altbackene Brötchen oder ½ Baguette
abgeriebene Zitronenschale
Koriandergrün
Thaibasilikum (ersatzweise glatte Petersilie)
1 Ei

mit Zitronenschale abschmecken und die fein gehackten Kräuter einarbeiten. Zwei Drittel dieser Füllung in den Hühnerbauch stopfen. Der Rest wird unter der Haut über dem Brustfleisch verteilt: Dafür zunächst die Haut vorsichtig abheben, eventuell mit einem Messer nachhelfen; vor allem am Brustbein, wo die Haut angewachsen ist, sehr vorsichtig sein, damit sie nicht reißt. Einen Zentimeter dick mit der Brotfüllung bedeckt, ist das Brustfleisch vor allzu direkter Hitze geschützt und wird beim Braten nicht trocken.

5 Das Huhn zusammenschnüren: die beiden Keulen über dem Bürzel zusammenführen und festbinden. Auch die Flügel am Leib festbinden, damit nichts absteht und austrocknet.

6 Das Huhn, Brust nach oben, in einen Bräter setzen. Mit Zitronensaft begießen. Zunächst bei 250 °C (Heißluft/Ober-/Unterhitze) 15 bis 20 Minuten kräftig anbraten. Jetzt die Temperatur auf 120 °C herunterschalten. Das Huhn mit einer Mischung aus Sojasauce, Honig und einem Schuss Pilzeinweichwasser einpinseln. Nun in der nachlassenden Hitze weitere 60 Minuten braten, dabei immer wieder mit dem Bratenjus aus dem Bräter bestreichen. Zum Schluss soll das Huhn goldbraun glänzen.

Im ausgeschalteten Ofen noch etwa 10 bis 15 Minuten ruhen lassen, bis das Gemüse fertig ist (siehe nächste Seite).

Pak Choi mit Shiitakepilzen

Die Pilze am besten schon mit denen für die Füllung einweichen.

1 Die Pilze in Viertel schneiden (Stiele entfernen und in die Brühe geben, siehe S. 67). Mit Ingwer, Knoblauch und Chili im Wok im heißen Öl (beide Ölsorten vermischt) rasch anbraten. Sojasauce und Zucker zufügen. Etwa fünf Minuten leise schmurgeln lassen, dabei immer wieder mit einem Schuss Pilzeinweichwasser vor dem Trockenwerden bewahren. Den Pak Choi quer in fingerbreite Streifen schneiden, zum Schluss in den Wok geben und mitbraten: zuerst die dicken Stielteile, nach ein, zwei Minuten auch die Blätter mitschwenken. Bei starker Hitze eine Minute unter Rühren braten. Das Gemüse hat nur ganz wenig Sauce.

Servieren: Das Huhn am besten bei Tisch tranchieren, dann kann jeder seine Wünsche anmelden – die einen lieben den Schenkel, andere bevorzugen ein Stück von der saftigen Brust.

BEILAGE

Die Füllung ist eigentlich Beilage genug. Wer mag, serviert dazu duftigen Reis.

GETRÄNK

Zitronengrastee. Dafür Zitronengras fein schneiden und wie Teeblätter mit kochendem Wasser aufgießen. Ein Kolben reicht etwa für einen halben Liter. Wer lieber Wein dazu mag, sollte einen frischen Weißwein aussuchen, zum Beispiel einen Weißburgunder aus der Pfalz oder aus der Steiermark. Gut passt aber auch ein gradliniger, von fruchtiger Säure geprägter Rotwein, etwa ein junger Chianti Classico.

ZUTATEN

Für sechs Personen:

12 eingeweichte Shiitakepilze
1 EL fein gehackter Ingwer
1 EL fein gehackter Knoblauch
Chili (nach Geschmack)
2 EL neutrales Öl
1 EL Sesamöl
2 EL Sojasauce
½ TL Zucker
2-3 Pak-Choi-Stauden (ersatzweise Chinakohl)

ZUTATEN

Für drei bis vier Personen:

2 kleinere oder 1 größeres Brathähnchen
Salz, Pfeffer
Zitronensaft
1 Tasse Mehl
2 Eier
1 Tasse Semmelbrösel
Butterschmalz oder Öl zum Ausbacken
krause Petersilie
Zitronenschnitze

Wiener Backhendl

So zart, so knusprig, so unglaublich intensiv kann Hähnchen schmecken. Ideal sind ganz junge Hähnchen von ca. 600 Gramm. Wir sind absolut dagegen, das Fleisch von den Knochen zu lösen. Man kann die Stücke dann zwar einfacher essen und sie lassen sich auch leichter durchgaren, aber sie sind dann nicht so saftig – außerdem bringt man sich um das himmlische Vergnügen, an den Knochen zu nagen!

1 Die Hähnchen in Portionsstücke zerlegen: zuerst halbieren, dann die Schenkel abtrennen, diese jeweils im Gelenk durchschneiden und in Ober- und Unterschenkel zerlegen. Jetzt die Flügel mit dem vorderen Spitz der Brust abschneiden. Aus Flügelspitzen, Haut und Rückgrat mit etwas Suppengrün eine Brühe kochen.

2 Die Geflügelteile salzen und pfeffern, mit Zitronensaft einreiben und einige Minuten durchziehen lassen – der Zitronensaft gibt nicht nur Würze, sondern macht das Fleisch schön fest.

3 Mehl, verquirlte Eier (mit Salz und Pfeffer würzen!) und Semmelbrösel jeweils in einem tiefen Teller bereitstellen. Erst unmittelbar vor der Mahlzeit mit dem Ausbacken beginnen, damit die Teile schön heiß und knusprig auf den Tisch kommen. Dafür die marinierten Hühnerteile nacheinander zuerst in Mehl wenden, dann durch das Ei ziehen und schließlich in den Bröseln drehen, bis sie rundum davon überzogen sind.

4 Im heißen Schmalz goldbraun ausbacken. Vorsicht mit der Temperatur: Das Fett darf nicht zu heiß sein, sonst werden die Teile außen schon dunkel, bevor sie im Innern gar sind. Aber heiß genug, damit die Kruste auch wirklich schön kross wird. Auf mehreren Lagen Küchenpapier abtropfen lassen und sofort servieren.

Kartoffelsalat mit Kerbel und Erbsen

Natürlich: Zu Paniertem gehört ein Kartoffelsalat. Diesmal von frühlingshafter Frische, mit reichlich Kerbel und jungen Erbsen (aus der Tiefkühltruhe).

Die Kartoffeln in der Schale gar kochen. Noch warm pellen und in Scheiben schneiden, mit der heißen Brühe übergießen und kurz ziehen lassen. Die Erbsen in einem Sieb unter heißes Wasser halten und so auftauen. Zu den Kartoffelscheiben geben. Essig, Salz, Pfeffer, die sehr fein gewürfelte (oder geriebene) Zwiebel sowie den fein gehackten Kerbel zufügen. Alles mischen. Jetzt auch die Kokosmilch untermischen und den Salat mit Zitronensaft abschmecken.

GETRÄNK

Zum Backhuhn gehört ein Chardonnay – sein sahnig-herber Geschmack und seine dezente Säure passen einfach ideal zu Paniertem, aber auch perfekt zum kokosduftenden Kartoffelsalat. Der Klassiker aus Burgund, oder einer aus dem Burgenland oder aus Deutschland – etwa aus Baden, wenn er ebenfalls im kleinen Holzfass ausgebaut wurde, wie der von Franz Keller, Oberbergen im Kaiserstuhl.

TIPP

Zur Dekoration am Ende die krause Petersilie im heißen Fett „aufrauschen" lassen, sie wird dadurch herrlich knusprig. Die Platte außerdem mit Zitronenschnitzen garnieren.

ZUTATEN

Für vier Personen:

800 g festkochende Kartoffeln
⅛ l Brühe
200 g junge Tiefkühl-Erbsen
2 EL Weißwein- oder Apfelessig
Salz, Pfeffer
1 kleine Zwiebel (auch Schalotte oder Frühlingszwiebel)
1 gute Handvoll Kerbel oder Petersilie
4-5 EL Kokosmilch (Dose oder Tetrapack)
Zitronensaft

ZUTATEN

Für vier bis sechs Personen:

6-8 Oberschenkel (die Keulen für das nächste Rezept vorsehen)
250 g blanchierter Spinat
Salz, Pfeffer
Muskat
Chili (frisch oder getrocknet, in letzterem Fall ruhig auch aus der Mühle)
100 g Käse (Mozzarella, Scamorza oder ein anderer halbfester Käse)
150 g dünne Scheiben durchwachsener Speck (oder ein aromatischer roher Schinken)
3 EL Olivenöl
1 Glas Weißwein
100 g Crème fraîche
1 Zitrone

TIPP

Statt des Specks kann man auch einen aromatischen rohen Schinken nehmen, San Daniele oder auch Parma, der dem Huhn zusätzliches Aroma verpasst.

Gefüllte Hähnchenschenkel

Sie sind herzhafter im Geschmack, weil ihre Muskeln mehr bewegt und trainiert, daher gut durchwachsen sind. Wir machen aus den Oberschenkeln, die zarter und fleischiger als die Keulen sind, regelrecht kleine gefüllte Braten.

1 Die Hühnerschenkel entbeinen: Das geht ganz leicht, indem man mit einem Messer auf der Innenseite an dem Knochen entlang schlitzt, ihn schabend freilegt und herauslöst. Das Fleischstück, das man so erhält, mit dem zerzupften Spinat belegen. Mit Salz, Pfeffer, Muskat und etwas fein gewürfeltem oder zerkrümeltem Chili würzen. Einige kleine Käsewürfel darauf verteilen. Das Fleisch zusammenrollen und in ein oder zwei Speck- beziehungsweise Schinkenscheiben wickeln. Sicherheitshalber mit einer Schnur zusammenbinden – es ist aber eigentlich nicht nötig, wenn man die Teile immer schön auf die Nahtstelle legt und sie auch mit dieser Seite zuerst in die heiße Pfanne legt. Durch die Hitze klebt alles sofort aneinander.

2 Die Rollen rundum langsam schön golden anbraten, sie sollen dabei gleichmäßig durchgaren. Zugedeckt etwa 10 Minuten schmurgeln lassen. Ab und zu einen Schuss Wein angießen, immer nur so wenig, dass es sich sofort mit dem Bratenjus verbinden kann. Am Ende die gefüllten Hühnerschenkel aus der Pfanne nehmen und auf einem doppelt gelegten Stück Alufolie im 120 °C heißen Backofen noch etwa 10 bis 15 Minuten ausruhen und nachziehen lassen.

3 Unterdessen das Fett aus der Pfanne abgießen (unbedingt auffangen und zum Beispiel für Bratkartoffeln verwenden), den Bratenjus mit Weißwein loskochen, Crème fraîche unterrühren und gründlich aufschlagen. Mit Zitronensaft, Salz und Zucker abschmecken.

BEILAGE

Ein lockeres Kartoffelpüree, ruhig auch noch eine zusätzliche Portion Spinat, rasch in etwas Olivenöl gedünstet. Und eventuell einen erfrischenden Salat. Oder einfach nur Baguette zum Aufstippen der Sauce.

GETRÄNK

Ein trockener Grauburgunder (auch Ruländer genannt) oder ein zarter Rotwein, etwa ein Bardolino vom Gardasee oder ein schwäbischer Trollinger. Möglich ist auch ein frischer Chianti Classico (keine Riserva!).

Gegrillte Hähnchenkeulen

Man kann ebenso gut Hähnchenflügel auf diese Weise marinieren und grillen, diese sind so klein, dass man sie als Happen aus der Hand zum Aperitif servieren kann – während für die größeren Keulen doch eher ein Teller angesagt sein mag.

1 Besonders hübsch ist es, wenn man die Sehnen der Keulen am unteren Ende vom Knochen trennt, dann zieht sich das Fleisch beim Grillen am oberen Ende des Knochens zusammen und bildet dort eine kompakte, dicke Schicht. Das sieht pfiffig aus, sozusagen „Fleisch am Stiel“, und hält das Fleisch noch saftiger.

2 Die Zutaten für die Marinade verrühren, mit den vorbereiteten Geflügelteilen in einen Gefrierbeutel füllen und gut mischen. Den Beutel verschließen, zuvor jedoch möglichst alle Luft daraus herausdrücken oder absaugen. So können die Teile stundenlang marinieren, ruhig auch ein paar Tage (unter Luftabschluss bleiben sie frisch). Dann auf dem Grill oder auf einem Blech im 200 °C heißen Backofen (Heißluft 180 °C) etwa 10 bis 15 Minuten braten, bis sie knusprig sind und ihren fernöstlichen Duft verströmen.

GETRÄNK

Ein Pils oder ein Glas Sekt. Oder, nach asiatischer Art, Grüner Tee.

ZUTATEN

Für sechs Personen:

6-8 Hähnchenkeulen
(oder 12 Hähnchenflügel)

Marinade:
etwas Zitronenschale
1 gehäufter TL gehackter Ingwer
1 gehäufter TL gehackter Knoblauch
Chili
1 EL brauner Zucker
2 EL Sojasauce
2 EL Sherry
1 EL Sesamöl

Geliebte Spargelzeit

Geliebte Spargelzeit: Neue Rezepte für das Supergemüse

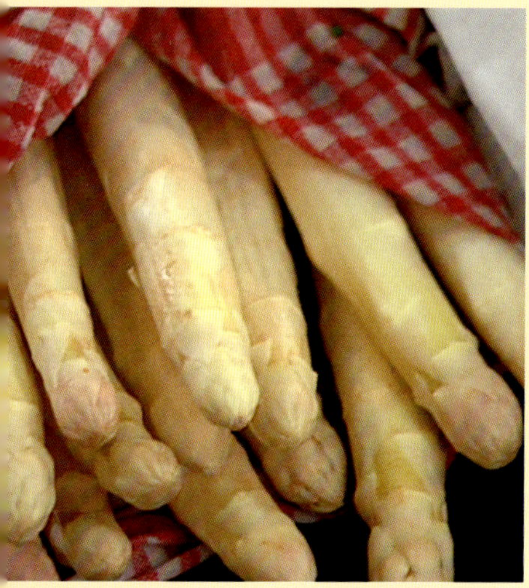

Jedes Jahr freut man sich auf die Spargelzeit. Wenn auf dem Markt die Auswahl unter den Sorten endlich groß und der Preis nicht mehr allzu hoch ist, kann man nach Herzenslust darin schwelgen – zumal Spargel einer der wenigen großen Genüsse ist, die nicht viel Kalorien mitbringen. Nicht umsonst heißt es: Bis Johanni nicht vergessen, sieben Wochen Spargel essen! Ob weißen, grünen oder lilaköpfigen Spargel – es ist natürlich Geschmackssache, welchen man bevorzugt. Der weiße schmeckt mild, der grüne gemüsig, der lila herzhaft. Wichtig ist, dass man richtig einkauft: Frisch muss der Spargel sein – dann ist es letztlich ziemlich egal, woher er kommt, wenn er nur sorgfältig gezogen und nicht überdüngt wurde ...

Wie man die Frische erkennt

Der Stiel muss eine saftige, frische Schnittfläche zeigen (deshalb lieber die Finger von verpacktem Spargel lassen, dessen Schnittflächen verborgen sind – und zwar oft aus gutem Grund!). Die Stangen müssen sich prall und fest anfühlen, sie quietschen, wenn sie aneinander stoßen. Und dann ein Blick auf die Handelsklasse werfen: Klasse 1 ist durchaus nicht die erste, sondern nur die zweite Klasse! Wer die allerbeste Qualität sucht, sollte Klasse Extra wählen, die steht über Klasse 1. In vielen Gemüseläden wird jedoch diese Extraklasse gar nicht angeboten, deshalb greift der Kunde, ohne es zu ahnen, automatisch zur zweiten Klasse. Dabei sollte man lieber die bessere, wenn auch teurere Stufe wählen – sie ist am Ende wahrscheinlich sogar billiger, weil man weniger Abfall und Mühe damit hat. Wir haben nachgewogen: von einem Pfund allerbestem Spargel der Extraklasse blieben geschält 430 Gramm übrig. Ein Pfund des wesentlich dünneren Spargels der Klasse 2 ergab gerade mal knapp die Hälfte genießbaren Anteil.

Wie man Spargel schält

Es ist auf alle Fälle eine Gratwanderung, sparsam, gleichzeitig aber auch gründlich und sorgfältig zu schälen – deshalb ist in guten Restaurants das Spargelschälen Chefsache! Nichts ist schlimmer, als auf dem

Teller noch faserige Schalenstreifen von der Spargelstange ziehen oder sie sich aus den Zähnen pulen zu müssen. Deshalb ist ein gutes, das bedeutet gut geschliffenes Schälmesser unerlässlich. Es gibt zahllose Varianten – welche Art einem am besten in der Hand liegt, muss man selber herausfinden. Und dann beginnt man am besten unterhalb des zarten Kopfs und schält sorgsam Strich für Strich die ganze Stange rundum sauber. Zum Schluss wird das Ende abgeschnitten, dabei muss man erfühlen, ob man tatsächlich alles Holzige entfernt hat. Auch der grüne Spargel gehört geschält! Man kann die Stange zwar einige Zentimeter unter dem Kopf fast ungeschält lassen, muss dafür aber zum Ende hin immer dicker schälen, meist sogar ein ganzes Stück abschneiden, weil sie dort durch und durch holzig ist.

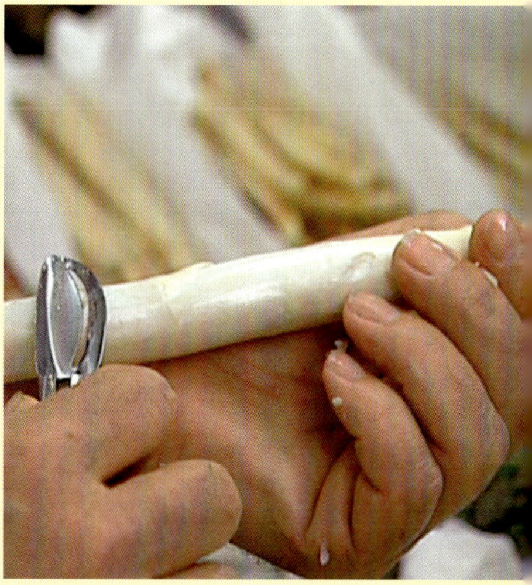

Wie man Spargel kocht

Früher hat man Spargel gebündelt und senkrecht in einem schmalen, hohen Topf stehend gekocht, sodass die Stiele im sprudelnden Wasser und die empfindlichen Köpfe im Dampf behutsam gar wurden. Wir finden, dass in einem flachen, weiten Topf die Stangen in nur wenig Wasser liegend genauso sanft gegart werden können. Als Kochflüssigkeit ideal ist der Sud, den man zuvor aus den Schalen gekocht hat, gewürzt mit etwas Salz, einer Prise Zucker und einem Stück Butter. Dadurch bekommen die Spargelstangen zusätzliches Aroma, außerdem ist dieser Kochsud später noch eine fabelhafte Basis für eine Suppe oder Sauce. Deshalb den Spargel vor dem Schälen stets gut waschen, damit die Schalen gleich aufgesetzt werden können.

Wer Spargel klassisch gekocht servieren will, sollte ihn ruhig portionsweise bündeln. Dann kann man die Stangen nämlich leichter aus dem heißen Sud heben, ohne dass sie durcheinander rutschen. Für Salate, für ein Ragout oder unser Gratin schneidet man die Stangen in Stücke, mit einem schrägen Schnitt, das sieht hübscher aus. So kann man die Köpfe, die ja immer ein wenig schneller gar sind, zwei, drei Minuten später in den Kochsud geben. Zur Abwechslung kann man die Spargelstücke auch einfach braten oder dünsten: in Butter oder Olivenöl, gut zugedeckt, damit der eigene Saft nicht zu rasch verkocht.

Spargelgratin

Ein schnelles Essen, das nicht viel Mühe macht und sich außerdem wunderbar vorbereiten lässt und den Frühling auf den Tisch zaubert.

ZUTATEN

Für vier Personen:

1 kg Spargel (weiß, grün oder lilaköpfig)
1 kleine Zwiebel (vorzugsweise eine junge weiße oder rote)
2-3 EL Olivenöl
1 Knoblauchzehe
1 rote Chilischote (nur nach Belieben für den, der Schärfe mag)
100 g roher Schinken oder durchwachsener Speck in dünnen Scheiben
Pfeffer aus der Mühle
2 Bund Schnittlauch
75 g frisch geriebene Brotbrösel
2-3 EL Butterflöckchen

1 Den Spargel putzen, schälen, schräg in Stücke schneiden. Die Zwiebel sehr fein würfeln und in einer großen, tiefen Pfanne im heißen Öl andünsten. Die Spargelstücke zufügen (die Köpfe erst zwei Minuten später dazugeben). Den Knoblauch fein zerdrücken und mitdünsten, auch den in feine Streifen geschnittenen Schinken. Pfeffern. Zugedeckt etwa fünf Minuten dünsten, bis der Spargel noch deutlich Biss hat, aber schon genießbar ist.

2 Dieses Gemüse in einer feuerfesten Form verteilen, dabei mit dem in Röllchen geschnittenen Schnittlauch und den Bröseln vermischen. Zum Schluss Butterflöckchen auf der Oberfläche verteilen. Vor dem Servieren etwa 10 bis 15 Minuten bei 200 Grad (Heißluft 180 Grad) überbacken, bis die Brösel gebräunt sind.

BEILAGE

Dazu schmecken geröstete Pellkartöffelchen und ein mit Zitronensaft angemachter Kressesalat.

GETRÄNK

Ein frischer, leichter Silvaner, also ein Kabinett. Wir haben einen aus der Pfalz getrunken, es passt durchaus auch einer aus Südtirol oder Rheinhessen.

TIPP

Je besser die Brösel, desto besser das ganze Gericht. Also unbedingt selbst gemacht (möglichst aus einem italienischen Weißbrot, zum Beispiel Ciabatta oder pane pugliese) oder vom Bäcker, der es selber reibt. Auf keinen Fall fertiges Paniermehl verwenden, das womöglich sogar gewürzt ist.

Spargelsalat mit Garnelen in Engelshaar

Engelshaar sind ganz feine frische Nudeln. Man bekommt sie, Teigfäden genannt, vakuumverpackt im Kühlregal beim Türken. Sie werden herrlich knusprig, wenn man sie in Öl schwimmend ausbäckt, und ummanteln die Garnelen dann als goldenes Gewirk.

1 Die Garnelen schälen, mit einem spitzen Messer längs des Rückens aufschlitzen und den dort verlaufenden, womöglich schwarzen Darm entfernen. Gründlich waschen, dann in einer Marinade baden, die aus Sojasauce, Sesamöl, Honig und nach Belieben auch Chilisauce angerührt wurde – falls der Honig fest ist, alles kurz erwärmen (Mikrowelle).

2 Kurz vor dem Servieren die Garnelen aus der Marinade heben, jede mit etwas Engelshaar umwickeln und in heißem Öl schwimmend langsam golden ausbacken. Das Fett darf nicht zu heiß sein, weil sonst das zarte Engelshaar verbrennt, bevor die Garnelen im Innern gar sind. Auf Küchenpapier abtropfen und auf dem Salat anrichten.

3 Dafür zunächst den Spargel schälen, in Stücke schneiden und diese bissfest garen. Noch heiß mit der Hälfte der Vinaigrette anmachen.

4 Die Spinat-, Salat- und Kräuterblätter von den Stielen zupfen. Mehrmals gründlich waschen und gut trocken schleudern. Die Radies-

ZUTATEN

Für vier Personen:

8 große oder 12 kleinere, rohe Garnelen
1 EL Sojasauce
1 TL Sesamöl
½ TL Honig
eventuell 1 TL Chilisauce
½ Paket Engelshaar (Teigfäden)
Öl zum Frittieren

Spargelsalat:

500 g grüner Spargel (oder auch mit weißem gemischt)
Salz
Zucker
1 TL Butter
2 Handvoll junge Spinatblätter
2 Handvoll abgezupfte Kräuter: Kerbel, Petersilie, etwas Estragon, etwas Sauerampfer, 2-3 Borretschblätter, Liebstöckel (also ungefähr das, was auch in die Frankfurter Grüne Sauce gehört)
1 Bund Radieschen
Kopfsalatblätter zum Anrichten

Vinaigrette:

½ TL Salz
Pfeffer
3-4 EL milder, aromatischer Essig (z. B. Apfel- oder Himbeeressig)
1 TL milder Delikatess- oder süßer Weißwurstsenf
3 EL Olivenöl

chen putzen, in Stifte hobeln. Schöne, zarte Blätter abzupfen und unter die kleinen Salatblätter mischen. Nur große Kräuterblätter zerkleinern, die anderen unzerteilt lassen, höchstens zerzupfen. Alles mischen. Eine Platte oder Portionsteller mit großen Salatblättern auslegen, diese mit etwas Vinaigrette beträufeln und den Spargelsalat darauf anrichten. Die Garnelen daneben setzen. Die restliche Salatmarinade mit der Garnelenmarinade mischen, sie in Klecksen dazwischen setzen und den Salat sofort servieren.

BEILAGE

Frisches Baguette genügt vollkommen.

GETRÄNK

Hier darf es ein üppiger, kraftvoller Weißburgunder sein, der sogar im Barrique ausgebaut ist und deshalb den kräftigen asiatischen Aromen der Garnelen Widerpart bieten kann. Wir haben dazu sehr gern einen 2004er Weißburgunder „S“ aus dem Weingut Wittmann getrunken.

Spargel in knusprigem Mantel mit Paprikasauce

Eine hübsche Vorspeise in einem eleganten Menü: als Hülle nimmt man entweder die Frühlingsrollenhüllen, die man im Asien-Shop bekommt, oder Börekblätter (Yufkateig) vom Türken.

ZUTATEN

Für vier bis sechs Personen:

- 1,2 kg Spargel (bunt gemischt oder eine Sorte)
- Salz
- Zucker
- Butter für den Sud
- 4-6 Scheiben gekochter Schinken (falls die Scheiben sehr klein sind, doppelt so viele)
- 6 Yufkateigblattecken (ersatzweise 4-6 große Frühlingsrollenhüllen)
- 50 g Butter
- ⅛ l Milch zum Einpinseln

1 Den Spargel schälen und auf Fingerlänge kürzen. Aus den Schalen mit Salz, Zucker und Butter einen Sud kochen, daraus und aus den unteren Abschnitten der Spargelstangen später eine Suppe kochen (siehe Spargelcremesuppe)!

2 Die Teigdreiecke auslegen. Butter in lauwarmer Milch auflösen und damit die Teigplatten einpinseln. Jeweils eine Schinkenscheibe auf das breite Ende legen, die rohen Spargelstangen – je nach Dicke pro Portion drei bis vier – darauf legen. Sorgsam zusammenwickeln, die Enden dabei einschlagen, damit alles schön verschlossen ist. Die Pakete nebeneinander auf ein mit Backpapier oder einer Backfolie ausgelegtes Backblech setzen und wieder dick mit Milch und Butter einpinseln. Bei 200 °C (Heißluft 180 °C) etwa 15 bis 20 Minuten backen, bis die Pakete schön gebräunt sind.

TIPP

Besonders hübsch, aber auch gut für den Geschmack sind weitere Kleckse aus Kräuteröl. Zum Beispiel aus Schnittlauch, der mit Olivenöl und einigen Salzkörnchen gemixt wird. Tropfen davon in die roten Saucenspuren setzen.

3 Unterdessen für die Sauce den Paprika putzen, entkernen und in Stücke schneiden. In einem Topf die gewürfelte Zwiebel in zwei Löffeln Butter andünsten. Dann die Paprikastücke, Knoblauch sowie die entkernte Chilischote zufügen. Mit wenig Brühe ablöschen – lieber später mit etwas Brühe verdünnen, falls die Sauce zu dick ist! –, salzen und zugedeckt bei kleiner Hitze etwa 15 bis 20 Minuten weich köcheln. Mit dem Pürierstab glatt mixen, wenn nötig mit einem weiteren Schuss Brühe auf die richtige Konsistenz bringen. Mit Balsamico und Zitronensaft abschmecken, ein Stückchen Butter untermixen, bis die Sauce glänzt.

4 Die Spargelpakete schräg mit einem scharfen Messer (geht mit einem Sägemesser leichter) halbieren. Auf vorgewärmten Tellern anrichten und die rote Sauce dekorativ darum verteilen.

GETRÄNK

Ein duftiger Sauvignon, etwa aus der Pfalz oder aus der Steiermark.

Rote Paprikasauce:
1 rote Paprikaschote
1 kleine Zwiebel
2 EL Butter
2-3 Knoblauchzehen
1 Chilischote (nach Belieben)
ca. ⅛ l Brühe
Salz
je einen Spritzer Balsamico
und Zitronensaft
1 EL Butter

ZUTATEN

Für zwei bis vier Personen:

¾ l Spargelsud
ca. 300 g Spargelabschnitte
Salz, Pfeffer
80 g Kräuterbutter (fertig gekauft oder selbst gemacht: die zimmerweiche Butter mit einer guten Handvoll Kerbel, Bärlauch oder Petersilie vermengen)
2 Eigelb
1 Spritzer Zitronensaft

Spargelcremesuppe

Sie entsteht praktisch immer nebenbei: Man muss nur rechtzeitig daran denken, die Schalen auszukochen und von jeder Spargelstange unten etwas abzuschneiden – das geschieht ja meist ganz von selbst, wenn man die Stangen auf Topfdurchmesser kürzt …

1 Den Spargelsud durch ein Sieb filtern, die Spargelabschnitte darin weich kochen. Eine Tasse Abschnitte herausfischen und beiseite stellen. Die restlichen noch weicher kochen, salzen und pfeffern. Inzwischen die Butter mit dem Kerbel glatt mixen (er lässt sich leichter zerkleinern, wenn er durch die Butter gebunden wird).

2 Den Spargelsud mit den Spargelstücken glatt pürieren, dabei die Kräuterbutter so lange mitmixen, bis eine leuchtend grüne Creme entstanden ist. Wenn nötig, mit weiterem Spargelsud verdünnen, bis die richtige Konsistenz erreicht ist. Die Suppe nochmals abschmecken.

3 Die beiseitegestellten Spargelstücke in feine Scheibchen schneiden und in der Suppe erwärmen. In Suppentassen oder -tellern servieren.

TIPP

Die Kräuterbutter bindet umso besser, je kälter sie ist. Deshalb schon vorher zubereiten und kalt stellen oder sogar einfrieren.

GETRÄNK

Zur Suppe trinkt man im Allgemeinen nichts, sie liefert Flüssigkeit genug.

Parmesanschaum zu Spargel

Sahnig, cremig und wunderbar würzig. Passt gut zum klassisch gekochten Spargel und ist eine Abwechslung zu den üblichen Saucen …

1 Den Spargel schälen und bissfest kochen. Warm stellen. Die Brühe (oder den aus den Schalen gekochten Spargelsud) aufkochen und geriebenen Parmesan darin auflösen. Zwei, drei Esslöffel abschöpfen und in einem extra Gefäß mit den Eigelben verrühren. Dann wieder in die Käsebrühe gießen, diese erhitzen und mit einem Schneebesen ständig schlagen. Aufpassen, dass die Eigelbe nicht zu heiß werden, da sie dann gerinnen. So lange erhitzen (und schlagen!), bis ein cremiger Sabayon entsteht. Gut abschmecken, mit Salz (wenig – der Käse ist vermutlich schon salzig genug!), Pfeffer, Zucker (wichtig!) und einem Hauch Cayenne sowie einem kleinen Spritzer Essig oder Zitrone.

2 Die Spargelstangen auf Tellern anrichten, quer über die Mitte einen Klecks Parmesanschaum geben. Daneben die Wachteleier setzen – entweder wachsweich gekocht und halbiert oder gedämpft (siehe „Tipp").

BEILAGE
Junge Kartoffeln passen natürlich prima dazu.

GETRÄNK
Eine extrem dichte, üppige Riesling-Auslese, zum Beispiel von den Mosel-Schieferterrassen aus dem Weingut Heymann-Löwenstein.

ZUTATEN
Für vier Personen:

2-3 kg Spargel
Salz
Zucker und Butter zum Kochen

Parmesanschaum:
75 g frisch geriebener Parmesan (Parmigiano Reggiano)
¼ l Geflügelbrühe oder Spargelsud
2-3 Eigelb
Salz, Pfeffer
je 1 Prise Zucker und Cayennepfeffer
Essig oder Zitrone

Außerdem:
8-12 Wachteleier oder
4 normale Hühnereier
Salz, Pfeffer
etwas Olivenöl

TIPP
Beim Dämpfen werden die Wachteleier besonders zart! Dafür die Eier mit einem scharfen Messer einritzen und die zähe Haut unter der Schale durchtrennen. Erst dann lassen sie sich öffnen. Auf einen großen, mit Öl eingepinselten Teller gleiten lassen, mit Salz und Pfeffer würzen und im Wok über Wasserdampf zugedeckt zwei Minuten dämpfen (nicht länger, denn wenn das Eigelb fest geworden ist, ist der ganze Reiz dahin!).

Frutti di Mare

Frutti di Mare: Ein Vorgeschmack auf die Ferien

In den Ferien sind wir alle oft viel mutiger als zu Hause. In der kleinen Trattoria am Strand lässt man sich mitunter Dinge auftischen, die man noch nie gegessen hat. Und dann stellt man verblüfft fest: diese Muscheln, dieser Tintenfisch, diese unbekannten Köstlichkeiten schmecken ja wunderbar! Zurück zu Hause, entdeckt man sie schließlich auch im heimatlichen Supermarkt oder beim Fischhändler: Meeresfrüchte, die man zuvor gar nicht wahrgenommen hat. Denn sie werden durchaus auch bei uns angeboten. Wenn nicht frisch, in der Fischabteilung – von denen es erfreulicherweise immer mehr gibt! – oder auf dem Markt, dann zumindest in der Tiefkühltruhe. Wie man mit diesen Produkten umgeht, damit es zu Hause so gut schmeckt wie in der Lieblingskneipe im Urlaub, verraten wir Ihnen hier.

Einkaufen

In einem guten Fischladen sind die empfindlichen Fische und Meerestiere dick in Eis eingepackt, damit sie schön frisch bleiben. Bei Fischen lässt sich die Frische leicht erkennen: Die gewölbten, glänzenden Augen, die roten Kiemen, das helle, appetitlich feuchte Fleisch – all das zeigt sofort, dass man hier zugreifen kann. Und mit ein wenig Übung und Erfahrung entdeckt man auch an den so genannten Meeresfrüchten, ob sie frisch sind: Alles muss frisch glänzen, nichts darf eingetrocknet oder gelblich aussehen. Und natürlich: Alles sollte angenehm riechen, nach einer frischen Meeresbrise, nicht nach ollem Fisch!

Meeresfrüchte: Was ist was?

Muscheln: Die kleinen Vongole oder Teppichmuscheln werden meist in einem Netz verkauft, durch die Maschen kann man gut erkennen, ob die Muscheln auch wirklich alle schön geschlossen sind beziehungsweise sich sofort schließen, sobald man am Netz zupft. Muscheln, die offen bleiben, sind verdorben und müssen aussortiert werden.
Tintenfisch: Höchst unpräzise nennen wir die ganze große Familie so, dabei sehen die verschiedenen Arten nicht nur höchst unterschiedlich aus, sie werden auch anders zubereitet und schmecken natürlich auch jeweils anders:
Oktopus oder **Krake,** italienisch **polipo** oder **pulpo**, sieht ein bisschen verwegen aus mit seinen acht Armen, auf denen zwei parallel verlaufende Reihen von Saugnäpfen sitzen. Die Sorte, bei der nur eine Reihe auf den Fangarmen verläuft, sollten Sie nicht kaufen, es handelt sich um eine weniger feine Art. Ansonsten schmeckt Oktopus einfach köst-

lich. Am besten sind die mittelgroßen Exemplare, die ca. 400 bis 600 Gramm wiegen. In jedem Fall muss der Oktopus gegart werden. Aber bitte niemals in sprudelnd kochendem Wasser, sondern immer nur leise ziehen lassen. Am besten so verfahren, wie in unserem Rezept beschrieben, dann wird man stets einen zarten und saftigen Oktopus bekommen und kann auf all die fragwürdigen Tipps verzichten, die empfehlen, man solle den Oktopus tüchtig schlagen, einen Korken oder Kieselstein o. Ä. mitkochen ... Die einzigen schlechten Erfahrungen haben wir mit tiefgekühltem Oktopus gemacht: der wurde auch nach unserer Garmethode leider zäh und hart.
Die echten Tintenfische, die so genannten **Sepie**, schmecken besonders gut, wenn sie nicht größer als eine Handfläche sind. Ihr bauchiger Leib wird fast immer schon geputzt und ausgenommen angeboten, also auch von jenem weißen Kalkschulp befreit, den wir aus dem Vogelkäfig kennen. Das spart einerseits Mühe, allerdings muss man deshalb andererseits leider auch auf den Beutel mit der schwarzen Tinte verzichten, mit der man in Italien gern Risotto oder Nudelteig schwarz färbt und Meeresduft verbreitet. Aber das Fleisch, saftig, dick und zart, ist innerhalb ganz kurzer Zeit gar. Die kleinen Fangärmchen brauchen ein wenig länger und haben trotzdem etwas mehr Biss.
Dann die länglicheren und dünnfleischigeren **Kalmare,** in denen meist noch die Innereien und eine durchsichtige Chitinplatte stecken: Sie sind fast immer noch von ihrer dünnen lila Haut überzogen, die sich aber leicht abziehen lässt. Kalmare kann man wunderbar füllen – zum Beispiel einfach mit einer Mischung aus den eigenen Tentakeln, Semmelbröseln und Petersilie – und dann sehr heiß braten. Immer ein schnelles und ganz einfaches Essen. Die bereits gereinigten Körper, die so genannten Tuben, kann man manchmal tiefgekühlt finden – sie machen gar keine Mühe mehr und schmecken prima.

Krustentiere: Zu dieser großen Gruppe gehören alle Garnelen, Scampi, Langusten und der Hummer. Aber: Nicht alles, was man bei uns auf Speisekarten **Scampi** nennt, sind wirklich welche. Man erkennt diese köstlichen Krustentiere an ihren langen schmalen Scheren und, wenn sie ohne diese serviert werden, an ihrem Schwanz mit seinem flachen Bauch. Im Gegensatz zu den **Garnelen,** die nur lange Fühler, aber keine Scheren tragen und deren Schwanz im Querschnitt oval aussieht. Garnelen gibt es in unendlich vielen verschiedenen Größen und Varianten. Sogar in der Tiefkühltruhe in sehr guter Qualität. Dabei sollte man jedoch auf jeden Fall nach Rohware Ausschau halten, denn gekocht kann man sie eigentlich ohne Qualitätsverlust nicht ein zweites Mal erhitzen. Für manche Rezepte sollten die Garnelen unbedingt noch in ihrer Schale sein.
Scampi sind bei uns eher rar, aber ein guter Fischhändler kann sie mühelos besorgen, wenn Sie sie extra bestellen. Sie sind wirklich eine großartige Delikatesse.

ZUTATEN

Für vier bis sechs Personen:

500 g Spaghetti
1 kg Vongole
(kleine Herzmuscheln)
1 Zwiebel
3 EL Olivenöl
3-4 Knoblauchzehen
1 Bund Petersilie
nach Belieben 1-2 Chilischoten
(das können frische sein,
rot und grün, aber auch
getrocknete)
Salz
2-3 reife Tomaten
1 kleines Glas trockener
Weißwein
Pfeffer

Spaghetti alle Vongole

Fast schon Fast Food. Denn bis die Spaghetti gar sind, ist auch der Sugo mit den Muscheln fertig. In Italien unterscheidet man zwei Varianten: al pomodoro, mit einer Tomatensauce, oder al bianco, mit etwas Weißwein und im eigenen Saft, das bedeutet Muscheln pur. Hier die salomonische Mitte: Muscheln gedünstet, angereichert mit ein paar frischen Tomatenwürfeln.

1 In einem großen Topf mindestens 3 Liter Wasser zum Kochen bringen. Währenddessen die Vongole mehrmals in reichlich Wasser durchspülen. In einem Sieb abtropfen lassen.

2 Zwiebel fein würfeln und in einer weiten, tiefen Pfanne oder einem flachen, breiten Topf in heißem Olivenöl andünsten. Den gehackten Knoblauch und zwei Drittel der ebenfalls klein gehackten Petersilie zufügen. Wer Chilis mag, der rührt sie jetzt hinzu, nach Belieben entkernt und fein gewürfelt; die getrockneten Schoten zerrieben oder als ganze.

3 Die Tomaten auf einer Schaumkelle in das inzwischen aufbrausende Nudelwasser tauchen, anschließend abschrecken. Das Nudelwasser kräftig salzen und die Pasta hineingleiten lassen. Nach Packungsanleitung gar kochen, währenddessen ein-, zweimal umrühren.

TIPP

Diese Vongole schmecken auch ohne Pasta. Einfach im Suppenteller servieren, mit einem Löffel für den Sud und zusammen mit einem Stück Weißbrot.

Noch ein Tipp: Sehr wichtig für den Geschmack des gesamten Gerichts: Das Nudelwasser muss stark gesalzen sein. In Italien rechnet man mit Meerwasserkonzentration, das bedeutet ca. 25 bis 30 Gramm auf einen Liter Wasser. Das klingt viel und mag Sie erschrecken, aber probieren Sie es mal. Sie werden dann verstehen, warum die Pastagerichte in Italien immer herzhafter schmecken als bei uns!

4 Tomaten häuten, entkernen und würfeln. In die Pfanne geben und mitschmurgeln lassen. Die abgetropften Vongole ebenfalls in die Pfanne geben und mit einem Schuss Weißwein ablöschen. Deckel auflegen und zwei Minuten heftig kochen lassen. Dann ausschalten und nur noch ziehen lassen, bis die Pasta den richtigen Biss hat.

5 Die Vongole pfeffern, Salz wird vermutlich nicht nötig sein – die Spaghetti bringen genug davon mit. Diese nur ganz kurz abtropfen lassen, noch tropfnass unter die Vongole mischen und sofort servieren.

BEILAGE

KEIN Käse – der passt zu Meeresfrüchten nicht! Höchstens noch einen kleinen Schuss frisches Olivenöl und auf alle Fälle die restliche Petersilie untermischen.

GETRÄNK

Ein kräftiger Weißwein, zum Beispiel aus Sizilien. Wir tranken dazu einen Vigna di Gabri vom Weingut Donnafugata, dessen leicht harzige Komponente zu den kleinen Muscheln sehr gut passte.

ZUTATEN

Für vier bis sechs Personen:

1 Oktopus von ca. 500 g
2 Lorbeerblätter
1 TL Pfefferkörner
Salz
1 rote Paprikaschote
3 Frühlingszwiebeln
2-3 Stängel Bleichsellerie
2-3 gekochte Kartoffeln
1-2 Tassen gekochte Bohnenkerne
1 Bund glatte Petersilie
3 Knoblauchzehen
Salz, Pfeffer
1 Zitrone
3-4 EL Olivenöl
Salatblätter zum Anrichten

Bunter Oktopussalat

Der gekochte Oktopus ist Basis für die vielfältigsten Salate, und in jeder Region Italiens liebt man ihn mit anderen Zutaten. In Ligurien mit Kartoffeln und grünen Bohnen. In der Toskana mit weißen Bohnenkernen. In Sizilien mit bunten Paprika. Wir haben daraus eine panitalienische Variation gemacht:

1 Einen Topf, in den der Oktopus gerade eben hineinpasst, mit Wasser aufsetzen. Lorbeerblätter und Pfefferkörner zufügen. Kräftig salzen (Meerwasserkonzentration! Siehe Tipp). Sobald es kocht, den gereinigten Oktopus hineingeben. Erneut zum Kochen bringen, dann die Hitze jedoch reduzieren – der Oktopus darf nur leise ziehen, auf keinen Fall in sprudelndem Wasser kochen, sonst wird er zäh. Nach zehn Minuten den Herd ganz ausschalten, den Oktopus in der nachlassenden Hitze langsam gar ziehen lassen. Das dauert seine Zeit, deshalb sollte man das ruhig bereits am Morgen oder sogar Vortag tun.

2 Bis zum Servieren den Oktopus im Sud aufbewahren, so bleibt er im Kühlschrank einige Tage lang frisch. Bevor man ihn zum Salat weiterverarbeitet, kann man ihn im Sud nochmals lauwarm werden lassen.

3 Die übrigen Salatzutaten putzen, waschen und herrichten: Paprika in Streifen, Frühlingszwiebel in nicht zu feine Ringe schneiden, den Bleichsellerie in Scheibchen. Die Kartoffeln würfeln. Alles, auch die

Bohnen und einige abgezupfte Petersilienblätter, mit dem klein geschnittenen Tintenfisch mischen.

4 Für die Marinade Knoblauch in eine Schüssel pressen, Petersilie, Salz, Pfeffer, Saft und abgeriebene Schale der Zitrone sowie das Öl unterrühren und cremig aufschlagen. Über die Zutaten geben und alles behutsam mischen. Eine Platte mit Salatblättern auslegen, den Salat darauf anrichten.

BEILAGE

Ciabatta oder Bauernbrot.

GETRÄNK

Ein frischer Weißwein, zum Beispiel ein Pinot grigio aus dem Friaul. Gut eignet sich auch ein Vermentino oder ein Grecchetto, etwa aus Ligurien.

Risotto Frutti di Mare

Dafür braucht man den richtigen Reis, eine Mittel- oder Rundkornsorte – am besten ist der feine Carnaroli aus der Lombardei, sonst auch Arborio oder Vialone Nano oder der elegante Bomba aus Spanien. In Feinkostgeschäften, aber auch in Bio-Supermärkten kann man mittlerweile unter einem höchst vielfältigen Angebot auswählen.

ZUTATEN

Für vier bis sechs Personen:

1 Zwiebel
3 EL Olivenöl
2-3 Knoblauchzehen
250 g Rundkornreis
1 Glas Weißwein
ca. 1,2 l Brühe (eine dünne Fleisch-, Hühner- oder Gemüsebrühe)
Salz, Pfeffer
1 Döschen Safran
ca. 300 g TK-Meeresfrüchtemischung oder selbst gekochter Oktopus (wie oben beschrieben)
Petersilie
Olivenöl zum Beträufeln

1 Fein gewürfelte Zwiebel im Olivenöl andünsten, den ebenfalls fein gehackten Knoblauch zufügen und schließlich den Reis. Durchrühren, bis alle Körnchen vor Fett glänzen, dann mit dem Wein ablöschen. Jetzt ständig leise köcheln lassen, dabei immer wieder rühren und immer wieder eine Kelle heiße Brühe angießen – so lange, bis der Reis gar ist, aber dennoch leichten Biss hat. Salzen, pfeffern und schließlich den in etwas Kochsud oder Brühe aufgelösten Safran unterrühren. Erst wenn der Reis fertig ist, die aufgetaute Meeresfrüchtemischung oder den gekochten, in Scheibchen geschnittenen Oktopus unterrühren und kurze Zeit ziehen lassen. Den Risotto schön cremig halten. Falls er zu trocken wird, mit einem Schuss Brühe anfeuchten und verdünnen.

2 Zum Schluss fein gehackte Petersilie und einen guten Schuss Olivenöl für den Geschmack unterrühren.

3 Für das Schnittlauchöl den Schnittlauch klein schneiden, mit einem Krümelchen Salz und Olivenöl mixen.

4 Servieren: Den Risotto in vorgewärmten Suppentellern anrichten, eine dünne Linie mit Olivenöl (einen so genannten Faden) ziehen und das Schnittlauchöl als grüne Kleckse verteilen.

Schnittlauchöl:
1 Bund Schnittlauch
1 Krümelchen Salz
150 ml Olivenöl

BEILAGE

Weißbrot oder Baguette.

GETRÄNK

Ein duftiger Weißwein, zum Beispiel passend zum Reis aus dem Piemont einen Gavi aus derselben Region.

Gebratene Kalmare

Dafür braucht man kaum ein Rezept: Die geputzten Kalmare noch feucht in Semmelbröseln wenden und in reichlich Olivenöl langsam braten, bis sie prall und fest geworden sind. Mit gehackter Petersilie bestreuen und servieren.

Sepie

Sepie ist der eigentliche Tintenfisch, man kann ihn aber auch durch Kalmar ersetzen. Tintenfischtuben sind herrlich, weil sie absolut keine Mühe machen: Für eine Vorspeise werden sie in Streifen geschnitten, in einem Sieb in kochendes Salzwasser getaucht und dann gut abgetropft auf dem Teller mit Zitronensaft und Olivenöl begossen sowie mit fein geschnittenem Basilikum bestreut. Dazu krumiges Weißbrot, ein Glas herzhafter Weißwein – und der Sommer ist da. Oder man bereitet sie fast ebenso schnell auf chinesische Art zu:

ZUTATEN

Für zwei bis vier Personen:

300-400 g kleine Sepien oder Kalmare
2 Frühlingszwiebeln
250 g grüner Spargel
1 EL neutrales Öl
1 TL Sesamöl
1 EL fein gewürfelter Ingwer
1 EL fein gehackter Knoblauch
1-2 Chilis (Schärfe nach Gusto)
Salz, Pfeffer
Zucker
je 1 EL Sojasauce
1 Schuss Weißwein
eventuell ein Schuss Brühe
Koriandergrün

Sepie aus dem Wok mit grünem Spargel

Diesmal werden die Tuben mit einem spitzen Messer auf der Außenseite kreuzweise eingeschnitten – das ist der so genannte „pineapple cut“, weil die Schnitte sich im Wok wölben und die Stücke aussehen wie eine Ananas von außen. Außerdem wird so das Fleisch schön zart und die Sauce kann sich gut anschmiegen.

1 Die Sepien gründlich putzen, waschen und wie oben beschrieben Kreuze einritzen. In mundgerechte Stücke schneiden. Frühlingszwiebeln putzen, das Weiße fein, das Grüne in etwas breitere Ringe schneiden. Spargel schälen und in daumenkurze Stücke schneiden.

2 Den Wok sehr heiß werden lassen und das Öl (beide Sorten gemischt) hineingeben, Sepiastücke zufügen, dann auch Ingwer, Knoblauch, Chili sowie das Weiße der Frühlingszwiebeln, und alles eine Minute pfannenrühren. Dabei salzen, pfeffern und mit einer Prise Zucker würzen. Spargelstücke weitere drei Minuten unter Rühren braten. Dann das Grün der Frühlingszwiebeln untermischen. Schließlich Sojasauce und Weißwein angießen. Mit Koriandergrün bestreuen und sofort servieren.

BEILAGE

Duftiger, lockerer Reis – am besten Duftreis aus Thailand.

GETRÄNK

Grüner Tee oder ein aromatischer Wein, zum Beispiel ein Traminer aus der Steiermark. Wir haben dazu einen herzhaften Weißwein von der Côte du Rhone getrunken.

Scampi

Schön sind die echten Scampi, aber es macht gar nichts, wenn man für dieses Rezept nur große Garnelenschwänze bekommt – sie sollten allerdings unbedingt noch in ihrer Schale sein. Die Schwänze werden in jedem Fall längs halbiert, dann mit der Innenseite nach oben nebeneinander auf den stark erhitzten Grill oder auf die Plancha, notfalls einfach in eine vorgeheizte Pfanne gelegt. So gart das Scampifleisch in seiner Schale im eigenen Saft. Man kann es auf zweierlei Arten würzen:

Scampi (oder Garnelen) auf mediterrane Art

ZUTATEN

Für zwei Personen:

8-12 Scampi oder große Garnelenschwänze mit Schale
3 EL Olivenöl
Salz, Pfeffer
glatte Petersilie

Die Scampi oder Garnelen wie oben beschrieben vorbereiten und nebeneinander auf den Grill oder in eine heiße Pfanne setzen. Mit etwas Olivenöl beträufeln, mit Salz und Pfeffer würzen und gehackte Petersilie darüberstreuen. So lange garen, bis das Scampi- oder Garnelenfleisch weiß geworden ist und in seiner Schale geradezu kocht.

VARIANTE

Man kann die Scampi auch über Dampf garen. Dafür die gewürzten Scampihälften auf einer Platte in den zweifingerhoch mit Wasser gefüllten Wok setzen und zugedeckt drei bis vier Minuten dämpfen.

Scampi im eigenen Saft auf asiatische Art

Besonders gut lässt sich hier eine Plancha einsetzen, jene flache Grillplatte, wie man sie in Spanien oft findet. Der gehackte Knoblauch sollte in wenig Öl zunächst ein bisschen vorgegart werden, nur etwa 30 Sekunden lang, bevor man ihn in die Scampihälften füllt – dann gibt er sein Aroma noch besser ab.

1 Die Scampi oder Garnelen wie beschrieben vorbereiten. Den Knoblauch mit einem großen Messer erst zerdrücken, bevor er gehackt wird – das gibt eine schönere Struktur. In etwas Öl rasch andünsten, dabei nach Belieben auch Ingwer und Chili zufügen.

2 Jetzt die halbierten Scampi mit der Innenseite nach oben nebeneinander in die ausreichend große Pfanne oder auf den Grill setzen und in wenig Öl so lange bei starker Hitze braten, bis ihr Fleisch weiß und gar geworden ist und in der eigenen Schale brodelt. Dabei den Knoblauch gleichmäßig auf den Scampi verteilen. Sparsam salzen und pfeffern.

BEILAGE

Weißbrot, zur asiatischen Version passt natürlich auch Reis. In diesem Fall bieten sich dann statt der Gabel auch Stäbchen an.

GETRÄNK

Ein herzhafter Weißwein, der im Barrique ausgebaut ist und deshalb den starken Aromen standhalten kann. Oder ein aromatischer Muskateller, der nicht ganz trocken sein muss. Wir haben dazu einen würzigen Semillon vom Kap aus Südafrika getrunken, der mit seiner durch Reife erreichten Süße wunderbar zu den süßaromatischen Krustentieren passte.

ZUTATEN

Für zwei Personen:

8-12 Scampi oder Garnelenschwänze
6-8 große, junge Knoblauchzehen
3-4 EL neutrales Öl (z. B. Erdnussöl)
nach Belieben auch 1 TL gehackter Ingwer und etwas frischer Chili
Salz, Pfeffer

Essen und Trinken draussen

Essen und Trinken draußen: Tipps fürs Picknick und zum Grillfest

Bei schönem Wetter hält es niemanden drinnen, alle wollen in die Sonne, so lang wie möglich an der Luft sein. Also raus auf den Balkon, die Terrasse, zum Picknickplatz im Wald, am Bach oder im Stadtpark auf der grünen Wiese. Kochen und Essen draußen ist in. Wer keine Lust oder Zeit hat, sich selbst darum zu kümmern, der ruft heutzutage statt des Pizza-Diensts den Grillfest-Caterer an und bekommt zusammen mit Würsten und Steaks sogar den bereits vorgeglühten Grill an den gewünschten Ort geliefert. Wir finden jedoch, dass ein Gutteil des Vergnügens gerade darin besteht, alles selbst zusammenzutragen, was man sich an so einem sonnigen Tag einverleiben will.

Vom Bratrost zum Supergrill

Unter den Grillgeräten ist das Angebot inzwischen geradezu unüberschaubar. Es gibt welche, die kaum etwas kosten oder sogar gar nichts (weil man sie als Werbegeschenk zum Bierkasten gleich dazubekommt) und edle Prunkstücke für weit über tausend Euro. Doch selbst wenn man kein eigenes Gerät besitzt, braucht man beim Picknick im Grünen nicht auf einen Grill zu verzichten (abgesehen davon, dass es vielerorts fabelhafte Grillplätze gibt, die man getrost benutzen kann): Aus dem Backofenbratrost und ein paar Steinen lässt sich im Handumdrehen mühelos selber ein Grill bauen: Ein paar Steine im Kreis aufsetzen, in der Mitte das Feuer entfachen, oben drüber den Rost legen. Wichtig ist nur: Immer dafür sorgen, dass die Holzkohle genügend Zug bekommt, damit sich eine schöne Glut entwickeln kann.

Grill-Saucen

Eine pfiffige Sauce reißt alles raus, selbst, wenn man nur Würstchen oder ein Steak auf den Rost legen will. Und sie ist schnell gemacht. Zum Mitnehmen fürs Picknick wird sie in Schraubgläser gefüllt. In der Kühltasche bleibt sie frisch.

TIPP

Statt Kühlaggregate gefrorene Wasserflaschen (Plastik) nehmen. Sie halten alles kühl und wenn das Wasser dann langsam geschmolzen ist, trinkt man sie einfach aus!

Das A & O: die Fleischqualität

Man schmeckt den Unterschied, ob man bei den Koteletts und Schnitzeln nur auf den Preis oder vor allem auf die Qualität achtet. Wir haben es ausprobiert: Fleisch beim guten Metzger eingekauft, von einem garantiert glücklichen Schwein, mit festem Fleisch und kernigem Fett. Und daneben Koteletts aus dem Billigmarkt, die sofort über der Gluthitze zusammenschrumpelten. Natürlich ist das Kotelett von einem artgerecht gehaltenen Tier ein bisschen teurer – wenn aber von dem billigen aus der Massentierhaltung kaum mehr die Hälfte übrig bleibt, weil es über der Glut verdampft, einfach verzischt ist ... welches war seinen Preis wert?

Die Fleischscheiben und Koteletts nicht zu dünn schneiden lassen, eineinhalb bis zwei, sogar drei Zentimeter stark – sie bleiben so nach dem Grillen saftiger. Und gleich dicke Scheiben erbitten, damit sie gleichmäßig durchgaren. Fett immer erst nach dem Grillen wegschneiden, damit sich das Stück nicht wölbt. Vorher an ein paar Stellen einschneiden, aber dabei bitte nicht ins Fleisch!

Sepie und Sardinen

Beides ideal fürs Grillen, weil sie nicht viel Arbeit machen und super schmecken! Vielleicht muss man dieses Meeresgetier vorbestellen, weil der Fischhändler sie nicht vorrätig hat. Inzwischen findet man ganz gute Qualität auch in der Tiefkühltruhe. Tipp: Immer mit genügend Zeit auftauen, am besten im Kühlschrank. Weil dann die Eiskristalle langsam schmelzen und nicht die empfindlichen Fasern des Fischfleischs zerreißen.

Die Sepien (Gemeiner Tintenfisch) werden nur gewaschen. Sie sind meist ohnehin bereits ausgenommen, eventuell muss man noch die

TIPP

Außerdem legen wir Brotscheiben auf den Grill und beträufeln sie nach dem Rösten mit Knoblauchöl – fabelhafte, schnelle Crostini. Schmecken auch gut mit unseren Grillsaucen bestrichen!

Augen unterhalb der Fangarme wegschneiden. Gut ist es, wenn man den Körper mit einem spitzen Messer an der Außenseite wie einen Schweinebraten kreuzweise einritzt (siehe dazu auch Seite 94). Die Sepien ganz lassen, wenn sie nicht größer als die Handfläche (einer Frau!) sind, größere einmal durchschneiden. Zuerst eine Minute mit der Innenseite nach unten auf den Grill legen, dann wenden – jetzt Würzöl in die Höhlung träufeln und auch noch reichlich gehackten Knoblauch und frisch gehackte Petersilie hinzugeben. Nach einer weiteren Minute ist der Leckerbissen fertig!
Die Sardinen werden gewaschen und gut abgetrocknet. Bis zum Grillen baden sie in Würzöl, dem Zitronenscheiben und Lorbeerblätter zugefügt wurden. Schließlich werden sie zwischen ein Grillgitter geklemmt. So kann man sie auf den Rost legen und mit einer Bewegung wenden, immer wieder, bis sie gar sind.

Picknick

Man muss zuvor natürlich an alles denken, damit später nicht das Wichtigste fehlt. Ein Picknickkorb ist dafür äußerst praktisch. Wir empfehlen, ihn sich selbst einzurichten – das ist nicht nur billiger, sondern man kann ihn sich dann ganz auf die eigenen Bedürfnisse hin ausstatten.
Wir finden unser selbst gemachtes Modell prima: Ein ausreichend großer Deckel-Klappkorb, dem wir an den Seiten und in die Deckelklappen stabile Gummibänder eingezogen haben. Hinter ihnen werden Teller, Besteck und alle anderen nötigen Utensilien festgeklemmt, damit nicht alles durcheinander purzelt und sie den Transport unbeschadet überstehen. Außerdem braucht man natürlich Servietten, Tischdecke …, auch das Geschirrtuch (sogar Spülmittel tragen wir in einem kleinen Fläschchen mit, um notfalls im Hotelzimmerwaschbecken alles für das Picknick am nächsten Tag wieder säubern zu können) und der Müllbeutel dürfen nicht fehlen – und richtige Gläser, weil wir nicht gern aus Plastikbechern trinken.
Eine Salatschüssel haben wir ebenfalls immer dabei. Alles, was man für einen Salat braucht: gewaschene, geputzte Salatblätter und Kräuter (bleiben in einer Plastiktüte frisch), Gurke, Tomate, Paprika. Außerdem für die Marinade Essig, Olivenöl, die Pfeffermühle … einem prachtvollen Picknick steht nun nichts mehr im Wege.

Der Salat

Die Tomaten für einen Salat werden natürlich erst vor Ort geschnitten und angemacht, damit sie nicht während des Transports zusammenfallen: Schneidebrettchen, Messer, Schüssel – alles Nötige ist ja im Korb dabei.

ZUTATEN

Für sechs Personen:

4-5 Knoblauchzehen
½ TL Salz
1 flacher TL gemahlener Kreuzkümmel
1-2 grüne Chilischoten (die größeren türkischen, die ja meist nicht sehr scharf sind. Nach Belieben mit ein bis zwei kleinen Thaichilis für Schärfe sorgen)
2 Handvoll Korianderblätter
100 ml Olivenöl
1-2 EL Sherryessig
Pfeffer
eventuell 1 Rispe grüne Pfefferbeeren, wenn vorhanden

Grüne Koriandersauce

Ein Rezept aus Gran Canaria: Exotisch duftend nach Koriandergrün und Kreuzkümmel – das verrät den arabischen Einfluss auf dieser spanischen Insel.

Knoblauch, Salz und Kreuzkümmel im Mixer pürieren, die grünen Chilischoten hinzugeben (mit oder ohne Kerne, ganz nach Verträglichkeit) sowie das von den Stielen gezupfte Koriandergrün (man kann auch Petersilie nehmen oder damit mischen, wem es pur zu intensiv ist). Anschließend das Olivenöl hinzugeben. Die leuchtend grüne, duftende Sauce mit Sherryessig und viel Pfeffer würzen.

TIPP

Super schmeckt's, wenn man frische grüne Pfefferbeeren mitmixt – dann ist die Schärfe besonders fruchtig und frisch!

Roter Tomatendip

Die klassische, würzige Sauce aus Italien, die man auch gut als Aufstrich für Crostini verwenden kann.

1 Die Tomaten mit kochendem Wasser knapp bedecken und einweichen. Unterdessen die Schalotten fein würfeln und in ein bis zwei Esslöffeln Öl andünsten. Den gehackten Knoblauch zufügen. Die getrockneten Tomaten würfeln und zusammen mit dem gewürfelten Tomatenfleisch (Tomate vorher häuten und den Stielansatz herausschneiden) ebenfalls dazugeben.

2 Einen kleinen Schuss vom Einweichwasser der Tomaten angießen, mit Salz, Pfeffer und Oregano würzen. Einige Minuten leise köcheln. Schließlich mit dem Mixstab glatt pürieren, dabei die Petersilie mitmixen und auch das restliche Öl hinzufließen lassen. Mit Balsamico abschmecken.

3 Falls nötig, mit einem weiteren Schuss Einweichwasser auf die gewünschte Konsistenz bringen. Die Sauce sollte streichfähig sein, nicht zu flüssig. Kräftig abschmecken!

ZUTATEN

Für sechs Personen:

4-5 getrocknete Tomaten
2 Schalotten
6 EL Olivenöl
4 Knoblauchzehen
2 reife Fleischtomaten (oder
3-4 EL Tomatenpüree aus dem
Glas, Dose oder Tetrapack)
Salz, Pfeffer
½ TL Oregano
glatte Petersilie
1 Schuss Balsamico

ZUTATEN

Für sechs Personen:

2 Eigelb
2-3 Knoblauchzehen
1 TL Senf
1 Döschen Safran (0,1 g)
2 EL heißes Wasser
ca. 150 ml Öl
Zitronensaft
Salz
1 Prise Zucker
1 Schuss Worcestershiresauce

Gelbe Safran-Mayonnaise

Mit Safran wird die ohnehin ja appetitlich gelbe Mayonnaise noch intensiver gelb gefärbt – der Safran gibt obendrein ein wunderbares Parfum, das gut zu Gegrilltem passt. Damit die Mayonnaise garantiert gelingt, ist es gut, wenn man die Eier rechtzeitig aus dem Kühlschrank holt, damit alle Zutaten die gleiche, nämlich Zimmertemperatur haben.

Eigelb, grob zerkleinerten Knoblauch und Senf mit dem Mixstab aufschlagen, dabei soll der Knoblauch fein püriert werden. Den im heißen Wasser aufgelösten Safran zufügen. Schließlich langsam Öl hinzufließen lassen, so lange, bis die Sauce dick und voluminös ist. Mit Zitronensaft, Salz, einer Prise Zucker sowie einigen Tropfen Worcestershiresauce abschmecken!

TIPP

Welches Öl Sie dafür nehmen, ist natürlich Geschmackssache – statt eines aromatischen Olivenöls empfiehlt es sich bei dieser Sauce ein eher mildes zu wählen, aus Ligurien zum Beispiel. Oder neutrales Raps-, Sonnenblumen- oder Sojaöl.

Würzöl

Damit geben Sie ganz normalen Schnitzeln und Koteletts Ihre persönliche Note. Die Fleischscheiben vor dem Grillen in dem würzigen Öl wenden oder ruhig eine Weile sogar darin baden lassen. Man kann damit auch Gemuse oder Salate würzen, Crostini beträufeln und auch sonst in der Küche bei allem Möglichen zum Würzen verwenden, kurz: Unser Würzöl ist ein Universal-Elixier.

Die Gewürzkörner in einer trockenen Pfanne anrösten, bis sie duften. Im Mörser ganz kurz ein bisschen zerstoßen, damit sie jetzt alle Aromen freigeben. In eine Flasche (oder ein großes Einmachglas) füllen, die Kräuter zufügen. Mit Öl auffüllen und mindestens zwei, ruhig auch drei oder vier Tage ziehen lassen. Zum längeren Aufbewahren die Kräuter jedoch aus dem Öl entfernen – sie könnten seine Haltbarkeit beeinträchtigen. Die Gewürze dürfen ruhig drinbleiben.

ZUTATEN

Für ½ Liter:

1 EL Pfefferkörner
1 TL Pimentkörner
1-2 getrocknete Chilischoten
2-3 Kardamomkapseln
1 TL Senfkörner
1 TL Fenchelsamen
je 2 Thymian- und Rosmarinzweige
½ l Öl

ZUTATEN

Pro Person:

1 große Kartoffel
Öl (z. B. Würz- oder Olivenöl)
Pfeffer
grobes Salz

Grillkartoffeln, neue Art

Die guten, altbekannten Folienkartoffeln schmecken prima, aber sie stellen hungrige Grillgäste mächtig auf die Probe: Es dauert, bis sie endlich gar sind. Schneller geht's, wenn man die Kartoffeln in Scheiben oder Schnitze schneidet – dann lässt man sie statt auf dem Rost auf dem Backblech garen: schon nach 10 bis 15 Minuten kann man zu essen anfangen.

Die Kartoffeln sauber schrubben, damit man die Schale mitessen kann. In fingerdicke Scheiben schneiden, auf dem mit Öl eingepinselten Blech (oder einer Grillplatte) ausbreiten, pfeffern und über der Glut langsam auf beiden Seiten schön knusprig rösten lassen … Gesalzen wird erst zum Schluss, dann bleiben die Scheiben schön knusprig.

TIPP

Auf einer solchen Grillplatte (die man übrigens auch auf einem Gaskocher erhitzen kann – gut für alle, die auf ihrem Balkon den Nachbarn nicht mit Holzkohlegeruch stören wollen) kann man neben den Kartoffeln auch anderes Gemüse braten. Zum Beispiel Zwiebeln (wunderbar: in dünne Speckscheiben gewickelt), halbierte Knoblauchknollen, Tomaten oder Paprikahälften.

Ofenschlupfer im Einmachglas

Dieser Nachtisch wird zu Hause vorbereitet und übersteht den Transport ohne jeden Schaden, denn der Ofenschlupfer ist in seinem Einmachglas wie eingeweckt – so machen ihm nicht mal richtig heiße Tage etwas aus.

1 Weißbrot oder Früchtekuchen in sehr dünne Scheiben schneiden (Kekse zerkrümeln). Die Trockenfrüchte sehr klein würfeln. Brot, Kuchen oder Kekse abwechselnd mit den Trockenfrüchten in die dick ausgebutterten Einmachgläser füllen. Anschließend Eier, Milch und Zucker verquirlen und behutsam die Gläser damit auffüllen, bis alles gut durchtränkt ist. Die Gläser verschließen. Die Ofenschlupfer bei 200 °C im Backofen etwa 20 Minuten backen, bis das Ei gestockt ist.

2 So zum Picknick mitnehmen, entweder kalt essen oder auf den Grill stellen und erwärmen. In diesem Fall unbedingt etwas auskühlen lassen, bevor man das Glas öffnet.

BEILAGE

Dazu gibt's frisches Obst. Wunderbar passt auch eine (mitgebrachte) Himbeer- oder eine andere Obstsauce dazu, ebenso wie eine Vanillesauce.

Dessert

ZUTATEN

Für sechs Personen
(3-6 Einmachgläser à 200 oder 400 g Inhalt)

Ca. 150 g möglichst trockenes Weißbrot (englischer Früchtekuchen oder Mandelkekse wie Cantuccini sind ebenfalls geeignet)
je 100 g getrocknete Aprikosen, Rosinen, Feigen
75 g Pinienkerne oder Pistazien
Butter für die Form
4 Eier
¼ l Milch
(oder halb Milch, halb Sahne)
2-3 EL Zucker

Schnell ein Essen

Schnell ein Essen auf den Tisch!
Für alle, die Gasthausküche und Fertiggerichte satthaben

Das kennen Sie doch sicher auch: spät von der Arbeit heimkommen, müde, angestrengt – zu langen Kochereien haben Sie weder Lust noch Energie, aber in eine Kneipe wollen Sie auch nicht. Bleibt wieder mal nur der Pizzaservice oder das Fertiggericht aus der Mikrowelle. Mahlzeit! Die Begeisterung Ihres Mitessers (Partner, Kind oder Gast) können Sie sich schon jetzt vorstellen. Doch kein Grund zur Panik: Wir zeigen Ihnen hier, dass man auch ohne viel Aufwand schnell etwas wirklich Gutes auf den Tisch bringen kann. Ohne komplizierte Einkäufe, ohne viel Mühe, garantiert im Handumdrehen. Länger als 10 bis 20 Minuten braucht keines unserer Gerichte – und trotzdem schmeckt's und ist pfiffig.

Champignongratin

1 Die frischen Pilze gibt es in jedem Supermarkt, man kann sie sich also rasch auf dem Nachhauseweg noch mitnehmen: Zu Hause sollte man als Erstes den Backofen einschalten. Die Pilze unter fließendem Wasser kurz abbrausen, dann mit dem Gurkenhobel oder dem Eierschneider in Scheiben schneiden.

2 In einer großen flachen, feuerfesten Form verteilen. Salzen, pfeffern, mit gehackten Kräutern vermischen und mit etwas Olivenöl beträufeln. Tomatenwürfel darauf verteilen (mit oder ohne Haut – die jedoch schnell entfernt ist, wenn man mit dem Wasserkocher heißes Wasser produziert und darübergießt ...). Darüber dann den gewürfelten Käse und Schinkenstreifen geben. Alles salzen, pfeffern, mit gehackten Kräutern bestreuen.

3 Bei 200 °C (Heißluft/ 220 °C Ober- /Unterhitze) im vorgeheizten Ofen ca. 10 Minuten backen, bis alles brodelt. Der Pizzaservice braucht garantiert länger!

BEILAGE
Frisches Brot – für eine oder zwei Personen ein wunderbares, schnelles Essen!

GETRÄNK
Ein frischer Weißwein, ein Glas Buttermilch oder ein Pils.

ZUTATEN
Für ein bis zwei Personen:

250 g frische Pilze
Salz, Pfeffer
Kräuter
3-4 Tomaten
100 g Käse (z. B. Mozzarella)
50 g gekochter Schinken

ZUTATEN

Für zwei bis drei Personen:

1 Thunfischdose (in Olivenöl! – Einwaage 75 bis 100 g)
2-3 Knoblauchzehen
einige Petersilienstängel
1-2 Frühlingszwiebeln
1 Chilischote
Salz oder 1-2 Anchovisfilets
Pfeffer
2 EL Olivenöl
1 Salatgurke
evtl. 2-3 Tomaten

Thunfisch-Gurken-Happen

Die Thunfischsauce ist rasch gemixt: Sie wird auf Gurkenscheiben gehäuft, dazu frisches Brot – ein fabelhafter Leckerbissen beim Fernsehen oder zum Glas Wein.

1 Den Thunfisch (mitsamt Olivenöl, anderes Pflanzenöl sollte aus geschmacklichen Gründen nicht verwendet werden!) in einen Mixbecher füllen, alle anderen Zutaten zufügen: Knoblauch (mit der Messerklinge zerdrückt), Petersilienblätter, Frühlingszwiebel (grob gehackt), die Chilischote, Salz oder Anchovis, Pfeffer und ein guter Schuss Olivenöl. Kurz durchmixen bis zur gewünschten Konsistenz.

2 Die Gurke waschen, nach Belieben Streifen abschälen (für die Optik), quer in halbfingerdicke Scheiben schneiden und auf eine Platte nebeneinander setzen. Jeweils einen Teelöffel Thunfischsauce darauf häufen. Nach Belieben mit Würfeln von Tomate garnieren.

TIPP

Diese Sauce schmeckt auch prima zu kleinen Pellkartoffeln. Oder vermischt mit Pasta – Spaghetti al tonno ist schließlich ein Klassiker! Und damit steht er ruckzuck auf dem Tisch!

Zucchini-Frittata

Im Sommer, wenn es sie frisch geerntet zu kaufen gibt, sind Zucchini unsere Lieblingszutat für eine Frittata. Man kann sie sonst natürlich mit allem Möglichen zubereiten. Schnell geht's auch mit gekochten Kartoffeln oder einem Nudelrest. Im Prinzip läuft das Grundrezept immer so:

ZUTATEN

Für zwei Personen:

4-6 kleine bis mittlere Zucchini
2 EL Olivenöl
1 kleine weiße Zwiebel
1-2 Knoblauchzehen
Salz, Pfeffer
3-4 Eier
100 g geriebener Käse
(Parmesan oder alter Gouda)
Rauke

1 Die Zucchini auf einem Stiftehobel in nicht zu feine Stifte schneiden (notfalls eine grobe Raffel nehmen). In einer kleinen Pfanne (nicht mehr als 20, höchstens 22 cm Durchmesser, sonst wird die Frittata zu flach) im heißen Olivenöl andünsten, dabei salzen und pfeffern. Die gehackte Zwiebel sowie den zerdrückten Knoblauch zufügen und mitdünsten. Zum Schluss noch fein geschnittene Rauke unterrühren (oder ein anderes Kraut nach Wahl).

2 In einer Schüssel die Eier verquirlen. Den Käse unterrühren, salzen und pfeffern. Die angedünsteten Zucchini hineinschütten und dabei umrühren, damit durch deren Hitze das Ei nicht gerinnt.

3 Einen Löffel Öl in der Pfanne erhitzen, den gesamten Inhalt aus der Schüssel hineinkippen und glatt schütteln. Bei mittlerer Hitze stocken lassen.

4 Erst wenn die gesamte Masse nahezu fest geworden ist, einen Topfdeckel oder eine Tortenplatte auflegen und das Ganze umdrehen und auf diese Weise stürzen. Anschließend die Frittata in die Pfanne zurückgleiten lassen. Auch auf dieser Seite bräunen: dafür die Hitze ein wenig verstärken und eventuell noch ein wenig Öl darunter fließen lassen.

5 Die Frittata wird wie ein Kuchen in Stücke geschnitten.

BEILAGE

Dazu passt am besten ein knackiger grüner Salat.

ZUTATEN

Für zwei bis drei Personen:

ca. 400 g Spinat (tiefgekühlt)
150 g Magerquark
100 g geriebener oder gewürfelter Käse
100 g gekochter Schinken
Salz, Pfeffer
ca. 10-12 Frühlingsrollenhüllen (ca. 10 cm im Quadrat) oder 2-3 Börekblätter
⅛ l Milch
1 TL Currypulver

Spinattaschen

Dafür nimmt man den dünnen Frühlingsrollenteig, den man im Asienladen bekommt, oder Börekteig vom Türken. Für die Füllung braucht man außerdem tiefgekühlten Spinat, der natürlich zunächst auftauen muss – entweder nimmt man die Packung rechtzeitig aus dem Eis (wer ohnehin vom Einkauf kommt, lässt ihn einfach unverpackt, sodass der Spinat bereits nahezu aufgetaut ist, bis man zu Hause eintrifft). Oder man bemüht die Mikrowelle.

1 Den Spinat hacken und in einer Schüssel mit dem Quark und Käse verrühren. Gewürfelten Schinken untermischen. Die Masse mit Salz und Pfeffer würzen.

2 Jeweils ein bis zwei gehäufte Esslöffel auf ein Eck der Teighülle setzen und flach streichen, rechts und links die Ecken darüber schlagen, die Füllung nun einwickeln – dabei nicht zu fest rollen, weil sich die Füllung beim Backen ausdehnt und die Hülle zerreißen kann. Mit der Naht nach unten auf ein mit Backpapier belegtes Blech setzen. Mit Milch einpinseln, die mit Currypulver verquirlt wurde.

3 Bei 200 °C Heißluft (220 °C Ober-/Unterhitze) etwa 10 Minuten backen, bis die Taschen schön gebräunt sind.

BEILAGE

Ein grüner oder auch ein Tomatensalat.

Spinatauflauf

Wem diese Wickelei zu mühsam ist, der schichtet die Zutaten einfach in einer feuerfesten Form abwechselnd übereinander – immer wieder ein Teigblatt zwischen die Spinat-Quarkmasse betten und dick mit Currymilch einpinseln. Die oberste Schicht soll ein Teigblatt sein. Ebenfalls bei 200 °C Heißluft (220 °C Ober-/Unterhitze) backen, insgesamt eine Viertelstunde, bis die Oberfläche gebräunt ist und es in der Form brodelt.

GETRÄNK

Bier, ein würziger Weißwein (zum Beispiel – wie zu den Wokgerichten – ein Gelber Muskateller aus der Steiermark oder eine trockene Scheurebe aus der Pfalz) oder ein junger, ebenfalls aus dem Kühler oder dem Eisschrank servierter Rotwein (zum Beispiel ein einfacher Spätburgunder; eine fruchtige Cuvée vom Kaiserstuhl; ein Beaujolais, Valpolicella oder Bardolino).

ZUTATEN

Für vier Personen:

400 g Spaghetti
Salz
1 Zwiebel
2-3 EL Olivenöl
3-4 Knoblauchzehen
3 EL Semmelbrösel
ein Händchen voll Petersilienblätter
1 Dose Ölsardinen (100-150 g Einwaage)
einige Basilikumblätter

Sizilianische Spaghetti

Das Lieblingsgericht vieler Sizilianer! Und es ist so schnell gemacht:

1 Zuerst das Nudelwasser aufsetzen, gut salzen. Die Pasta darin nach Anweisung auf der Packung bissfest kochen.

2 Inzwischen die Zwiebel fein würfeln, im heißen Öl andünsten. Den gehackten Knoblauch zufügen, dann die Semmelbrösel regelrecht mitrösten – bei kräftiger Hitze. Die fein gehackte Petersilie und die grob zerkleinerten Sardinen zufügen.

3 Schließlich die tropfnassen Spaghetti untermischen, eventuell noch einen Schuss Nudelwasser angießen, falls die Pasta trocken wirkt. Unverzüglich zu Tisch bringen, solange die Semmelbrösel noch schön knusprig sind.

GETRÄNK

Ein kräftiger Weißwein, am besten aus Sizilien, zum Beispiel ein Grillo vom Weingut Gerbino, aus Westsizilien.

Aus dem Wok

Chinesisches Schweinefleisch mit schwarzen Pilzen

Den Reis für die Beilage sollte man gleich aufsetzen, noch bevor man mit den Vorbereitungen beginnt, damit alles einigermaßen gleichzeitig auf den Tisch kommen kann.

1 Die Pilze mit kochendem Wasser bedecken und einweichen. Das Fleisch quer zur Faser in feine Scheibchen schneiden, mit Stärke überpudern und diese gut einmassieren. Ingwer und Knoblauch fein hacken oder reiben, Chilis hacken, Frühlingszwiebeln, Paprika und Selleriestangen jeweils in dünne Scheiben schneiden.

2 Beide Ölsorten im Wok erhitzen. Zuerst das Fleisch darin unter Rühren braten, dabei salzen und pfeffern. Nach und nach die vorbereiteten Gewürze und Gemüse zufügen (das Einweichwasser von den Pilzen nicht wegkippen!), auf starkem Feuer unermüdlich rühren und jede neue Zutat mit einigen Körnchen Salz und Pfeffer sowie einer guten Prise Zucker würzen. Wein und Sojasauce angießen, auch einen Schuss Pilzeinweichwasser. Alles nochmals gut mischen, zerzupftes Koriandergrün darüberstreuen und sofort servieren.

ZUTATEN

Für zwei Personen:

2 EL getrocknete Mu Err (chinesische Morcheln)
200 g Schweineschnitzel
1 TL Speisestärke
1 Stück Ingwer
1-2 Knoblauchzehen
1-2 Chilis
1-2 Frühlingszwiebeln
½ rote Paprika
1 Stängel Bleichsellerie
2 EL neutrales Öl
1 TL Sesamöl
Salz, Pfeffer
Zucker
2 EL Weißwein
1 EL Sojasauce
Koriandergrün

ZUTATEN

Für zwei Personen:

2-3 große Kartoffeln
2 EL Olivenöl
Salz, Pfeffer
2 Hände voll Wirsingblätter (in Quadrate geschnitten)
ca. ¼ l Brühe oder Wasser
3-4 Bratwürste
Kräuter nach Belieben

Wirsing mit Kartoffeln und Bratwurst

Zum Beweis dafür, dass sich im Wok durchaus auch absolut europäisch kochen lässt und dabei am Ende nicht nur ein wohlschmeckendes, sondern auch originelles Gericht herauskommt, folgendes Rezept:

Die Kartoffeln schälen und in zentimeterkleine Würfel schneiden. Im Wok das Öl erhitzen, die Kartoffelwürfel erst sanfter, dann immer kräftiger unter Rühren darin braten. Zunächst mit Salz und Pfeffer würzen. Dann den Wirsing zufügen und mitbraten, immer wieder einen Schuss Wasser oder Brühe angießen, damit die Kartoffeln von ihrer Stärke abgeben. Nach etwa fünf Minuten die aus der Pelle gelöste und in Bröckchen zerpflückte Bratwurst zufügen. Ständig umschaufeln, rühren und immer wieder einen kleinen Schuss Flüssigkeit angießen. Nach zehn Minuten ist alles gar und die Geschmäcker haben sich verbunden. Jetzt gehackte Kräuter einrühren und gleich servieren.

Und so wird ein schnelles Menü daraus:

Vorspeise: Kohlrabi-Carpaccio

Ein Gericht, für das Sie einen Kohlrabi und Radieschen brauchen, ansonsten aber je nach Gusto aus Ihren Vorräten variieren können.

ZUTATEN

Für zwei Personen:

1 Kohlrabi
Salz, Pfeffer
1 Zitrone
2 EL Olivenöl
5-6 Radieschen

Außerdem:
Roher oder gekochter Schinken, Thunfisch, Mortadella, Sardinen

Kohlrabi schälen und dünn auf eine mit Olivenöl bepinselte Platte hobeln. Salzen, pfeffern, mit Zitronensaft und Olivenöl beträufeln. Radieschen drüberhobeln, am besten in feinen Stiften. Außerdem Streifen von Schinken, Rauchfleisch, Mortadella, Salsicce, Thunfisch, Sardine, Sardellen darüber verteilen ... Oder: Wenn man im Kühlschrank mal wieder ein Eckchen Wurst oder Schinken vergessen hat, die ganz trocken geworden sind, ein ganz klein wenig davon darüber hobeln. Frische Kräuter dazu und natürlich Baguette, Ciabatta oder ein anderes Weißbrot.

Dessert: Mango auf Joghurtcreme

Eine duftende, reife Mango, die sich butterweich anfühlt, sollte es sein.

1 Joghurt und saure Sahne mit Zucker und Zitronensaft glatt rühren und in eine Schüssel füllen.

2 Die Mango mit dem Sparschäler schälen, dann mit einem großen Messer zunächst schräg in eine Richtung parallel enge Schnitte setzen, bis auf den flachen Stein. Dann um 90 Grad drehen und erneut auf diese Weise einritzen – sodass ein Karomuster entsteht. Jetzt die Frucht parallel zum Stein wie in Scheiben aufschneiden, sodass dadurch akkurate Rauten abgelöst werden und in die Schüssel purzeln.

3 Die Mangostücke unterrühren und nach Belieben auch noch geviertelte oder in Scheibchen geschnittene Erdbeeren untermischen.

ZUTATEN

Für zwei Personen:

250 g Vollmilchjoghurt
1 Becher saure Sahne
1-2 EL Zucker
etwas Zitronensaft
1 Mango
nach Belieben einige Erdbeeren

Aprikosen und Pfirsiche

Aprikosen und Pfirsiche: Duftendes, fruchtiges Sommerglück

Die süßen Früchte stehen sprichwörtlich für Lust, für Luxus und Genuss. Ihre zarte Haut, das schmelzend üppige Fleisch und ihr betörender Duft machen sie zu einem rundum begehrenswerten Obst. Wirklich reif und damit auf dem Höhepunkt ihres Geschmacks gibt es sie nur im Sommer – wie alles Obst überstehen sie lange Transportwege nicht so gut, deshalb sollte man immer dann darin schwelgen, wenn die Früchte hierzulande Saison haben.
Man lässt sich am besten von seiner Nase leiten, wenn man Aprikosen oder Pfirsiche einkauft. Sobald die Früchte mit ihrem Duft locken, wird auch ein Biss hinein nicht enttäuschen. Der bloße Augenschein kann immer trügen: wie oft sehen Früchte aus wie gemalt, sind aber auf der Zunge eine Enttäuschung.

Wie und wo aufbewahren?

Bei Zimmertemperatur halten sich reife Früchte nicht lange. Sie gehören also in den Kühlschrank, wenn man sie nicht gleich verspeisen will, möglichst ins Gemüsefach. Denn allzu kalt sollte man sie auch nicht aufbewahren – sonst eventuell mit einem Blatt Küchenpapier zudecken, das schützt. Auf alle Fälle immer sehr behutsam mit den Früchten umgehen, wenn sie unsanft angestoßen werden, reagieren sie mit braunen Flecken, und beschädigte Früchte faulen rasch.

Apple-Peach

Ein fabelhaft erfrischender Drink an einem heißen Sommertag: Einen weißen Pfirsich schälen, in Stücke schneiden und mit einigen Eiswürfeln im Mixer pürieren. Dabei pro Pfirsich zwei bis drei Minzeblättchen untermischen, nur wenn nötig etwas Zucker. Mit einem guten (möglichst naturtrüben) Apfelsaft auffüllen. Mit Minzezweig dekorieren und in einem hohen Glas servieren.

Aprikosenkuchen mit Zitronenguss

Zunächst ganz klassisch: ein Mürbteigboden, der mit Aprikosen belegt gebacken wird. Gegen Ende der Backzeit wird er mit einem Zitronenguss begossen, der in der Ofenhitze cremig stockt und einen säuerlichen Ausgleich zu den süßen Früchten darstellt. Schmeckt frisch am besten!

1 Aus den Zutaten einen Teig kneten, zu einer Kugel gerollt und in Klarsichtfolie gewickelt eine halbe Stunde kalt stellen.

ZUTATEN

Für eine Springform von 26 cm Durchmesser:

Mürbteig:
200 g Mehl
75 g Butter
50 g Zucker
1 kleines Ei
(oder auch nur 1 Eiweiß)
1 Prise Salz

Belag:
Ca. 1,2 kg Aprikosen
50 g Haselnüsse
40 g brauner Zucker
Butter für die Form

Zitronenguss:
3 Eier (sowie das vom Teig übrige Eigelb)
2 EL Zucker
4 EL Zitronensaft
⅛ l Sahne

2 Unterdessen die Aprikosen waschen und entsteinen, dabei halbieren, sehr große Früchte sogar vierteln. Die Haselnüsse im 200 °C heißen Ofen auf einem Blech etwa 10 Minuten rösten, bis sie duften. Mit dem Zucker im Zerhacker zermahlen.

3 Den Teig auf einem Stück Folie ausrollen (am besten dafür einfach den Klarsichtbeutel aufschlitzen), mit Hilfe der Folie in die ausgebutterte Form heben und diese damit auskleiden. Dabei den Rand schön hochziehen. Die Nuss-Zuckermischung hineinschütten und gleichmäßig verteilen.

4 Die entsteinten Aprikosen mit Wölbung nach unten dicht an dicht auf dieser Fläche anordnen. Im 220 °C heißen Ofen (Heißluft 200 °C) etwa 20 Minuten vorbacken – dabei die Form möglichst weit unten einschieben und, wenn möglich, zusätzlich Unterhitze einschalten. Der Boden soll jetzt deutlich bräunen.

5 Erst dann die Zutaten für den Guss miteinander verquirlen, über den Kuchen gießen und nochmals 15 bis 20 Minuten backen, bis alles gestockt ist, dabei die Hitze auf 180/160 °C herunterschalten. Ein wenig auskühlen lassen, bevor der Kuchen angeschnitten wird, damit sich die Zitronencreme festigen kann.

GETRÄNK

Kaffee oder Espresso. Wenn der Kuchen als Dessert serviert wird, passt auch ein Moscato d'Asti oder lieblicher Prosecco. Verblüffend gut dazu auch ein junger, frisch-fruchtiger Rotwein. Den man kellerkalt servieren sollte …

Gefüllte Pfirsiche in Folie

Eines dieser herrlichen Rezepte, mit denen man seine Gäste verblüffen kann: sieht einfach umwerfend aus, schmeckt super, lässt sich prima vorbereiten und macht wirklich kaum Arbeit!

1 Den Pfirsich halbieren, den Kern auslösen, stattdessen die Füllung in die Höhlung geben. Die ist schnell gemacht: Die Amaretti oder Mandelkekse zerbröseln, mit einigen Tropfen Himbeerlikör würzen und mit Himbeerkonfitüre vermischen.

2 Den Pfirsich wieder zusammensetzen, auf ein ausreichend großes Quadrat Alufolie setzen (der Pfirsich soll locker umhüllt werden), das an dieser Stelle dick mit Butter bestrichen ist. Die Enden der Folie fassen und über dem Pfirsich hochschlagen. Überall gut verschließen, es muss noch ein Luftraum über dem Pfirsich sein, aber es soll nichts auslaufen.

3 Das Paket in den 220 °C heißen Ofen (Heißluft 200 °C) stellen, den Pfirsich etwa 10 bis 20 Minuten garen. (Wie lange das genau dauert, hängt von der Größe der Pfirsiche ab sowie von ihrem Reifegrad: je unreifer und fester, desto länger!)

4 Zum Servieren die Pfirsiche auspacken und auf Desserttellern anrichten – nach Belieben jetzt die Haut abziehen.

5 Dazu gibt es eine Pistaziensauce: Dafür die Pistazien mit dem Zucker im Zerhacker ganz fein pulverisieren. Mit der Sahne glatt rühren, dabei mit Zitronenschale abschmecken.

GETRÄNK

Ein Rosenmuskateller aus Südtirol, ein herbsüßer, nach Rosen duftender rosafarbener Wein, oder ein milder, konzentrierter Muscat de Beaumes de Venise.

ZUTATEN

Pro Person:

1 schöner, reifer Pfirsich
2-3 Amaretti oder Cantucci (Mandelkekse)
etwas Himbeerlikör
1-2 TL Himbeerkonfitüre
Butter für die Folie

Pistaziensauce:

für 4 Personen:

50 g ausgelöste Pistazienkerne
2-3 EL Zucker
200 g Sahne
etwas Zitronenschale

ZUTATEN

Für vier Personen:

12-15 schöne, reife Aprikosen
ebenso viel Stück Würfelzucker
etwas Zitronenlikör

Brandteig:
knapp 300 ml Milch
1 Prise Salz
30 g Butter
150 g Mehl
1 Ei

Außerdem:
entweder Butterschmalz zum Frittieren und Aprikosensauce (siehe S. 130)
oder je 75 g geriebene Haselnüsse und Semmelbrösel, 50 g Butter, 2 EL Zucker

Aprikosenknödel

Klassischerweise werden Knödel aus Kartoffelteig hergestellt, aus einem Topfen(Quark-)teig sind sie besonders zart. Seltener findet man die Knödel von einem Brandteig umhüllt, dabei sind diese besonders köstlich: weil hier die Teigschicht ungewöhnlich dünn ist und die Knödel extrem leicht.

1 Für den Brandteig die Milch mit der Salzprise zum Kochen bringen, die Butter zufügen und, sobald sie geschmolzen ist, das Mehl mit Schwung hineinkippen. Sofort kräftig mit dem Kochlöffel rühren, bis sich die Masse wie ein Kloß vom Topfboden löst und dort einen dünnen Film hinterlässt. Vom Feuer ziehen, etwas auskühlen lassen, erst dann das Ei einarbeiten. Jetzt muss der Teig weich sein und glänzen.

2 Einige Minuten stehen lassen, dann wird die Masse so steif, dass man sie gut formen kann. Währenddessen die Aprikosen entsteinen und stattdessen ein Zuckerstück hineingeben, das mit etwas Zitronenlikör getränkt ist.

3 Von dem Teig kleine Portionen abzupfen, auf dem Handteller flach drücken und die Aprikosen darin einwickeln. Damit nichts klebt, mit bemehlten Händen arbeiten. Die gefüllten Früchte gleichmäßig mit dem Teig umhüllen und außen schön glatt streichen. Man kann sie in

Salzwasser in ungefähr acht Minuten gar sieden lassen, aber auch in Butterschmalz schwimmend frittieren, bis sie golden leuchten. In letzterem Fall serviert man dazu Marillenröster (beziehungsweise Aprikosensauce – siehe übernächstes Rezept).

4 Die gekochten Aprikosenknödel bekommen einen duftenden Überzug aus gemahlenen Haselnüssen. Dafür die geriebenen Haselnüsse und Brösel in einer Pfanne in der Butter rösten, bis sie duften – dabei den Zucker zufügen und alles gut mischen. Die Knödel abtropfen und in diesen Böseln wälzen, bis sie rundum dünn damit überzogen sind.

GETRÄNK

Ein Grüner Veltliner passt gut dazu, vor allem, wenn es eine üppige Auslese aus dem Burgenland ist. Wir haben dazu einen von Schloss Halbthurn im Burgenland genossen.

Aprikosen-Konfitüre

Aprikosen gelieren gut, man kann sich den Gelierzucker sparen.

1 Die entsteinten Früchte mit der Hälfte des Zuckers mischen – wir rechnen insgesamt auf 1 kg entsteintes Obst 500 g Zucker – wenn sich Saft gebildet hat, aufkochen, erst dann den restlichen Zucker zufügen und etwa 10 Minuten köcheln, bis die richtige Konsistenz erreicht ist. Dabei immer wieder rühren, am besten mit einem hitzebeständigen Schaber, mit dem man den Rand des Topfs dabei immer schön sauber wischen kann.

2 Nach der Hälfte der Zeit Zitronensaft zufügen (auf 2 kg Frucht eine ganze Zitrone). Die Masse nach Belieben mit dem Pürierstab etwas zerkleinern, aber nicht glatt zermusen.

3 Sobald die Gelierprobe die richtige Konsistenz anzeigt (siehe Tipp), in Gläser füllen. Am besten eignen sich Schraubgläser. Gut verschließen und für kurze Zeit auf den Kopf stellen, dann ist der Inhalt und der Luftraum darüber garantiert steril.

TIPP

Die Gelierprobe. Einen Klecks auf ein Metalltellerchen geben, das eine Zeit lanq im Kühlschrank gekühlt wurde. Er sollte nach einer Minute, sobald die Konfitüre abgekühlt ist, angenehm fest sein.

Aprikosensauce

(oder Marillenröster – wie man in Österreich und Südtirol sagt) ist noch schneller gemacht: nur knapp 100 Gramm Zucker auf 1 kg Obst rechnen. Ansonsten wie bei der Konfitüre vorgehen. Zum Aufbewahren entweder in Schraubgläser füllen und sterilisieren oder einfrieren.

Eingemachter Pfirsich

Das ist wirklich etwas Besonderes, vor allem, wenn man dafür die aromatischen weißen Pfirsiche nimmt, die so besonders gut schmecken und die man praktisch nie als Konserve kaufen kann. Ein solcher Pfirsich ist Basis für die schönsten Desserts. Ideal sind schmale, hohe Einmachgläser, in die die Pfirsiche gerade eben übereinander hineinpassen.

Die Pfirsiche in die Gläser füllen, jeweils eine halbe Vanillestange (quer oder längs halbiert) hinzutun. Zucker und Wasser eine Minute lang aufkochen, abkühlen lassen und über die Pfirsiche gießen, sodass sie damit bedeckt sind. Die Gläser verschließen und sterilisieren: Im Backofen bei 180 °C in die wassergefüllte Fettpfanne stellen und etwa 20 Minuten erhitzen – bis Bläschen emporsteigen.

ZUTATEN

Für 4 hohe Einmachgläser:

12–15 weiße Pfirsiche
2 Vanillestangen
200 g Zucker
1 l Wasser

Pêche Melba

Aus den eingemachten Pfirsichen ist im Handumdrehen der Pêche Melba angerichtet, eines der berühmtesten Desserts der Welt. Der große französische Koch Auguste Escoffier hat es einst erfunden, als Hommage an die australische Sängerin Helen Porter Mitchell, die sich Nellie Melba nannte. Ein Klassiker unter den Desserts und in seiner Einfachheit nach wie vor absolut überzeugend. Wobei natürlich die Qualität des Pfirsichs ebenso entscheidend ist wie die des Himbeerpürees und des Vanilleeises. Und dann ist alles ganz einfach:
Je einen eingemachten (oder in Zuckersirup pochierten) Pfirsich halbieren, die Haut abziehen, den Stein entfernen und stattdessen eine Kugel Vanilleeis in die Höhlung hineingeben. Am schönsten sieht es aus, wenn man den so gefüllten Pfirsich mit der Wölbung nach oben auf Desserttellern oder besser noch, in Dessertschalen anrichtet.
Mit Himbeermark überziehen und mit einem Blättchen dekorieren: klassisch ist Minze, originell und passend Basilikum. Schmeckt überwältigend gut!

GETRÄNK

Entweder eine fruchtige Riesling Spät- oder Auslese. Es kann auch ein eleganter Rotwein sein. Oder ein Glas Champagner, der passt schließlich immer!

Kullerpfirsich

Dafür braucht man zunächst einmal große Gläser: Richtige Kullerpfirsichgläser sehen aus wie Sektgläser für Riesen. Geräumige Rotweingläser eignen sich nicht, weil die Pfirsiche darin leider nicht kullern. Die Gläser müssen sich wie Sekttulpen nach unten verjüngen.
In jedem Fall sollte man möglichst kleine Pfirsiche nehmen, perfekt sind hierfür die aromatischen weißen Weinbergpfirsiche. Sie werden mit einem Tuch abgerieben und dann mit einer Gabel rundum mehrmals eingestochen. Im Glas übergießt man sie mit gut gekühltem Sekt. Nach wenigen Minuten beginnen die Pfirsiche sich zu drehen, zuerst langsam, dann immer schneller, bis sie regelrecht kullern – und ihrem Namen alle Ehre machen. Natürlich darf man – das ist ausdrücklich erwünscht! – am Ende den Pfirsich herausfischen und verspeisen. Er ist jetzt vollgesogen mit Sekt und macht ein bisschen beschwipst ...

Tomaten

Garden Peach –
Gartenpfirsich

Tomaten in der Sommerküche: Mit Olivenöl und Kräutern

Tomaten sind ja in den letzten Jahren geradezu Kult geworden. Wo man früher allenfalls eine einzige Sorte Marke „kugelrund, schnittfest, rot und geschmacksfrei“ fand, kann man inzwischen längst aus mindestens fünf bis zehn ganz unterschiedlichen Varianten wählen. Von dicken Fleischtomaten bis zu kleinen Kirschtomaten an der Rispe, von ovalen Flaschentomaten bis zu kleinen birnenförmigen. Und es gibt noch unendlich viel mehr: gelbe, gestreifte, sogar fast schwarze Tomaten, solche mit glatter Schale oder jene mit pfirsichweicher Haut. Und wir lernen: Grüne Tomaten sind durchaus nicht immer unreif. Natürlich sehen all diese Tomaten nicht nur unterschiedlich aus, sie schmecken auch jeweils ganz anders. Von fruchtig, saftig, säuerlich bis zu süß, mehlig oder mild.

Tomaten schälen?

An erster Stelle steht bei Tomaten immer die Frage: Schälen oder nicht? Das ist Ansichtssache, aber immer nötig, wenn die Schale hart und zäh ist. Und wenn man die Tomaten kochen möchte, das Gericht jedoch anschließend nicht durch ein Sieb passieren will. Die Haut löst sich nämlich in der Hitze, rollt sich zusammen und piekst dann unangenehm den Gaumen.

Nur wenn die Tomaten reif geerntet wurden, also am Strauch ausgereift sind, lässt sich die Haut ganz einfach abziehen, ohne dass man sie mit kochendem Wasser überbrühen muss – was ansonsten, das heißt in den allermeisten Fällen, die empfehlenswerte Methode ist. Wichtig: Rasch, nach 30 Sekunden, wieder abgießen und dann unbedingt in eiskaltem Wasser abkühlen, damit das Fruchtfleisch wieder fest wird und sich nicht von der abgezogenen Haut aufrauen lässt. Und bitte: Die Tomate nicht vorher kreuzweise einritzen, auch wenn dies immer wieder empfohlen wird. Warum nicht? Weil dann das Tomatenfleisch ungeschützt vom kochend heißen Wasser getroffen wird – und genau das soll doch vermieden werden. Es ist auch absolut überflüssig. Denn durch das Überbrühen allein löst sich die Haut bereits von selbst.

Tomatensalat mit Pinienkernen

Dafür möglichst viele verschiedene Tomatensorten in allen Farben auswählen, dann sieht der Salat besonders hübsch aus. Eine erfrischende, leichte Vorspeise.

Die Tomaten häuten, in Scheiben schneiden und auf einer großen Platte dekorativ anrichten. Mit Pfeffer übermahlen und in feine Streifen geschnittene Basilikumblätter darüberstreuen. Die Pinienkerne in einer trockenen Pfanne rösten, bis sie duften und auf den Tomaten verteilen. Am Ende alles mit Olivenöl beträufeln und mit kleinen Spritzern Balsamico besprenkeln. Das Salz erst ganz unmittelbar vor dem Servieren darüber streuen – sonst ziehen die Tomaten Wasser.

BEILAGE

Krumiges Weißbrot, eventuell Mozzarella oder Frischkäse in Würfeln.

GETRÄNK

Ein kräftiger, einfacher Weißwein, aus Italien etwa, oder ein Rosé aus der Provence.

ZUTATEN

Für vier Personen:

ca. 800 g Tomaten in allen Farben
Pfeffer aus der Mühle
Basilikumblätter
30 g Pinienkerne
3 EL aromatisches Olivenöl
einige Spritzer Balsamico
Salz (besser noch Fleur de Sel)

Tomatensalat mit Aubergine

Dafür braucht man nicht nur geschälte, sondern auch entkernte Tomaten – das Innere aber nicht wegwerfen, sondern in einem Schüsselchen sammeln, denn darin steckt noch eine Menge Geschmack. (Und man kann es zum Beispiel nach dem Rezept Kalte Tomatensuppe, Seite 141, weiterverarbeiten). Auch dieser Salat ist ein leichter Sommerimbiss für sich oder eine hübsche Vorspeise.

ZUTATEN

Für drei bis vier Personen:

4-6 feste, reife Tomaten
Salz, Pfeffer
1 mittelgroße Aubergine
2-3 Olivenöl (z. B. ein kräftig schmeckendes aus Spanien)
2-3 Knoblauchzehen
1 Händchen voll Basilikumblätter (oder Petersilie und Rauke, auch Kerbel und Estragon)
1 frische Zwiebel (oder 2 Schalotten)
Salatblätter für die Platte
1 EL Sherryessig
2-3 EL Zitronensaft
2 EL Olivenöl zum Würzen
1 Händchen voll schwarze Oliven (z.B. Taggiasca, kleine, aromatische Oliven aus Ligurien)
evtl. 100 g Ziegenfrischkäse

1 Die Tomaten überbrühen, eiskalt abschrecken, dann häuten und entkernen. Das Tomatenfleisch zentimetergroß würfeln, mit Pfeffer und Salz würzen und erst mal stehen lassen, damit sich das Fruchtwasser sammelt. Später dann durch ein Sieb abtropfen lassen.

2 Die Aubergine ebenfalls zentimetergroß würfeln und im heißen Olivenöl langsam schön kross braten, dabei mit Salz, Pfeffer, gehacktem Knoblauch und etwas fein geschnittenem Basilikum würzen.

3 Inzwischen die junge Zwiebel oder die Schalotten sehr fein würfeln und das restliche Basilikum (und/oder die Kräuter) fein schneiden.

4 Die abgetropften Tomaten mit den lauwarmen Auberginenwürfeln und den Kräutern vorsichtig vermengen und auf Salatblättern anrichten.

5 Für die Marinade Sherryessig, Zitronensaft und Olivenöl aufschlagen, dabei salzen und pfeffern. Über den Salat geben, nach Belieben schwarze Oliven dazwischen verteilen.

BEILAGE

Knuspriges Weißbrot oder saftiges Tomatenbrot (siehe nächstes Rezept!). Gut passt dazu auch Frischkäse oder Würfel von Mozzarella.

GETRÄNK

Ein kräftiger Weißwein aus der Pfalz.

ZUTATEN

Für zwei Brotlaibe:

1 kg Mehl (Type 550 oder Type 405 und Type 1050, gemischt)
20 g Hefe
½ Tasse Milch
ca. 800 g reife Tomaten
3 TL Salz
3-4 Basilikumblätter
2 EL Olivenöl

Tomatenbrot

Das Brot bekommt schöne lockere Poren und schmeckt am besten, wenn man den Teig extrem flüssig hält. Es ist die Kunst, so viel Tomatenpüree wie möglich einzuarbeiten. Der Teig ist dann sehr feucht und klebt. Aber wenn man sich ihm nur mit dick bemehlten Händen nähert, beziehungsweise ihn gar nicht erst anfasst, sondern nur mit dem Teigschaber in die Schüssel beziehungsweise in die Form befördert, lässt er sich trotzdem gut verarbeiten.

1 Das Mehl in die Rührschüssel der Küchenmaschine geben. Die Hefe in einer halben Tasse lauwarmer Milch (notfalls geht auch Wasser) auflösen und mit Schwung ins Mehl kippen, wobei sich die Flüssigkeit ein wenig mit dem Mehl vermischt. Unter einem Tuch zugedeckt zehn Minuten gehen lassen.

2 In der Zwischenzeit den Stielansatz der Tomaten herausschneiden, die Früchte im Mixer glatt pürieren, dabei eineinhalb Teelöffel Salz dazugeben. Wer mag, kann auch ein paar Basilikumblätter mitmixen (für den Geschmack). In die Küchenmaschine jetzt das restliche Salz und das Olivenöl zum Hefeteig geben, einschalten und bei laufender Maschine das Tomatenpüree hinzugießen – so viel, bis ein sehr weicher, fast flüssiger Teig entstanden ist. Unbedingt mindestens fünf Minuten durchkneten lassen – die Maschine übernimmt zwar Arbeit, sie erspart aber mitnichten Zeit.

3 In eine gemehlte Schüssel umfüllen, dabei einen Gummischaber zu Hilfe nehmen. Den Teig mit Mehl bestäuben und unter einem Tuch zwei Stunden gehen lassen, bis er schön aufgegangen ist. Dann mit einem Teigschaber in zwei Portionen teilen und in zwei dick mit Mehl

ausgestäubte Kastenformen füllen. Nochmals zugedeckt gehen lassen, diesmal genügt jedoch eine halbe Stunde.

4 Bei 200 °C im vorgeheizten Ofen – ideal ist ein Backstein, der die Hitze gut speichert und langsam abgibt – 35 bis 40 Minuten backen. Nach 10 Minuten ein Glas Wasser in den Ofen kippen – dieser Dampf fördert eine gute Krustenbildung.

5 Die Brote sind fertig, wenn sie sich leicht aus der Form lösen lassen und sich dumpf anhören, wenn man von unten gegen sie klopft. Vor dem Anschneiden auskühlen lassen.

Eingelegte Tomaten in Olivenöl

So lassen sich Tomaten konservieren und halten im Kühlschrank ein paar Wochen, allerdings nur, wenn alles vollkommen von Olivenöl bedeckt ist – damit die Tomatenstücke nicht oberhalb des Ölspiegels herausschauen, muss man sie mit einem Stück Folie unter die Oberfläche drücken!

ZUTATEN

Für 1 Backblech:

2-3 kg Tomaten
eine Handvoll Knoblauchzehen
einige Thymianzweige
Salz, Pfeffer
3 EL Olivenöl

1 Die Tomaten zunächst häuten, vierteln und entkernen (die Kerne nicht wegwerfen, sondern in einer Schüssel sammeln und für die Tomatensuppe verwenden, siehe Rezept S. 141). Die Tomatenviertel salzen und pfeffern, dann mit der Innenseite nach unten auf einem Backblech verteilen. Gehackten oder auf der Reibe gehobelten Knoblauch und abgezupfte Thymianblättchen darüberstreuen und alles mit Olivenöl besprenkeln. Im auf 100 °C vorgewärmten Ofen etwa zweieinhalb Stunden trocknen. Nach der Hälfte der Zeit die Tomaten wenden. Dann abkühlen lassen.

2 Zum Aufbewahren in breite Vorratsgläser schichten und mit gutem Olivenöl bedecken. Als Beilage zu gebratenem oder gekochtem Fleisch servieren, auf Butterbrot anrichten, über frisch gekochte Pasta geben, unter Risotto rühren, zu Bratkartoffeln reichen ... überall da, wo der intensive, fruchtige Tomatengeschmack passt. Gut schmecken diese Tomaten auch zu Folgendem:

Gebratene Zucchini mit Pilzen

Ein schnelles Essen steht so im Handumdrehen auf dem Tisch!

Die Zucchini waschen, längs vierteln, quer in Scheiben schneiden (oder einfach würfeln). Die Zwiebel fein würfeln und im heißen Öl anbraten, die Zucchini zufügen und unter häufigem Schütteln der Pfanne einige Minuten braten. Auch die geputzten und in Scheiben geschnittenen Pilze zufügen und mitbraten. Den klein gehackten Knoblauch erst zum Schluss zugeben. Salzen und pfeffern und am Ende das fein geschnittene Basilikum sowie die eingelegten Tomatenviertel untermischen. Als Beilage passen dazu:

ZUTATEN

Für zwei Personen:

1-2 kleinere bis mittelgroße Zucchini
1 weiße oder rote Zwiebel
2-3 EL Olivenöl
250 g Steinpilze oder Mischpilze (auch Champignons)
3-4 Knoblauchzehen
Salz, Pfeffer
Basilikum
1 bis 2 Tassen eingelegte Tomaten (siehe Rezept links)

Frischkäse-Gnocchi

Alle Zutaten im Mixer glatt pürieren, dann eine halbe Stunde kalt stellen. Mit einem Teelöffel Nocken abstechen und in leise siedendes Salzwasser gleiten lassen. Die Gnocchi sanft pochieren; sie sind gar, wenn sie nach ca. fünf Minuten oben schwimmen. Mit einer Schaumkelle herausheben und abtropfen lassen.

GETRÄNK

Ein Sauvignon Blanc, dessen Fruchtnoten perfekt mit dem Tomatenaroma harmonieren, wenn er reif geerntet wurde und nicht die grasigen, spitzen Töne der leichten Mode-Sauvignons aufweist.

TIPP

Die frischen Gnocchi sind sehr zart und zerbrechen leicht. Beim Abkühlen werden sie fest. Deshalb ist es empfehlenswert, sie bereits vorher zuzubereiten und dann kurz vor dem Servieren noch mal in Salzwasser kurz zu erwärmen.

ZUTATEN

Für vier Personen:

250 g fester Frischkäse
2 gehäufte EL Mehl
1 Ei
1 EL Olivenöl
1 EL weiche Butter
Salz, Pfeffer
evtl. etwas abgeriebene Zitronenschale

Tipp

Ganz Hungrige nehmen Riesentomaten und geben zwei Eier hinein – ruhig auch noch gewürfelten Schinken oder kalten Braten oder Käse …

ZUTATEN

Für ein bis zwei Personen:

2-4 etwa gleich große Tomaten
Salz, Pfeffer
Basilikum
Kerbel, Schnittlauch
oder Petersilie
2-4 kleine Eier
Olivenöl

Ei im Tomatennest

Das ist ein wirklich schnelles Essen – macht den einsamen Esser glücklich, passt aber auch gut an den Anfang eines sommerlichen Menüs.

1 Den Tomaten knapp unterhalb des Stiels quer eine Kappe abschneiden. Die Frucht aushöhlen, dabei jedoch das Fleisch nicht durchstoßen, damit die Tomate als dichter Behälter dienen kann. In eine feuerfeste, mit Öl ausgestrichene Form setzen.

2 Die Tomaten innen salzen und pfeffern. Gehackte Kräuter hineingeben, nach Belieben auch einige Käsewürfel. Je ein rohes Ei hineingleiten lassen. Mit etwas Öl beträufeln, dann die Kappe schräg aufsetzen. Bei 200 °C im Backofen 15 bis 20 Minuten backen, bis das Eiweiß gestockt, das Eigelb jedoch noch flüssig ist. (Wer lieber festes Eigelb hat, lässt die Tomaten länger garen.)

BEILAGE

Hier genügt gutes, knuspriges Weißbrot.

GETRÄNK

Ein frisches Pils oder ein herzhafter Weißwein, zum Beispiel ein junger Silvaner aus Franken.

Kalte Tomatensuppe

Hier kommt endlich all das Innere der Tomaten zum Zuge, das wir im Laufe dieses Kapitels gesammelt haben (natürlich kann man diese kalte Tomatensuppe auch mit ganzen Tomaten produzieren!). Eine herrlich leichte, sommerfrische Suppe.

1 Alle Zutaten für die Suppe grob würfeln und im Mixer glatt pürieren, dabei mit Salz, Pfeffer, Olivenöl, Balsamico und Weinessig würzen.

2 Gurke und Paprika jeweils sehr klein und möglichst akkurat würfeln, das Gemüse nach Farben und Sorte sortiert in Suppentassen oder -tellern aufhäufen und am Tisch mit der kalten, gut abgeschmeckten Tomatensuppe auffüllen.

BEILAGE
Knoblauchbrot – einfach geröstete Brotscheiben mit Knoblauch einreiben.

GETRÄNK
Ein würziger Weißburgunder – der kann aus Franken sein (zum Beispiel pur minéral aus dem Weingut Fürst), vom Kaiserstuhl, aus der Pfalz oder aus Rheinhessen. In jedem Fall möglichst fruchtbetont und nicht im Holzfass ausgebaut.

ZUTATEN
Für vier bis sechs Personen:

1-2 junge Zwiebeln
3-4 Knoblauchzehen
1 Handvoll Basilikumblätter
500 g Tomaten (oder das Innere von ausgehöhlten und entkernten Tomaten)
Salz, Pfeffer
2-3 EL Olivenöl
Balsamico und Weinessig zum Abschmecken

Zum Anrichten:
½ Salatgurke
1-2 grüne und rote Chilischoten (nach Gusto scharf oder weniger scharf)
je eine halbe rote, grüne und gelbe Paprikaschote

Mangold

Supergemüse Mangold: Zum Füllen, Rollen, Wickeln und natürlich pur!

Mangold ist eine uralte Kulturpflanze, schon Plinius hat sein Lob gesungen. Aus der ursprünglich wild im Ufersand wuchernden Pflanze hat man seither mehrerlei Arten von Gemüse gezüchtet: den Gartenmangold mit seinen schönen, großen Blättern, die an Spinat für Riesen erinnern, den Rübstiel (fürs Stielmus) und schließlich den Rübenmangold, auch Rübe oder Bete, wegen seiner schönen roten Wurzel bei uns meist Rote Bete genannt ... Sie alle sind also alle eng verwandt – weshalb man die Blätter auch der Roten Bete ohne Sorge essen kann. Wenngleich die „echten" Mangoldblätter natürlich den höheren Genuss bieten.
Lange Zeit war Mangold ein vergessenes Gemüse. Schon damals haben wir auf unseren Reisen in den Süden den Mangold in Italien, Frankreich, aber auch in der Schweiz besser kennen- und lieben gelernt. Und auf einmal ist er auch auf unseren Märkten ganz selbst-

verständlich geworden. Meist findet man hier den Gartenmangold, der mit seinen gut zweifingerbreiten Stielen und den gewaltig ausladenden Blättern fast kniehoch werden kann. Nur selten gibt es den kürzeren Schnittmangold, der mit seinen höchstens fingerdicken Stielen eigentlich eher wie ein ungewöhnlich groß geratener Spinat aussieht.

Mangoldgemüse

Das grüne Blatt und die Stiele werden am besten getrennt voneinander verarbeitet, denn Struktur, Textur und Biss sind unterschiedlich. Wie vielseitig sich Mangold einsetzen lässt, kann man am folgenden Grundrezept für Blätter sehen: Vier Variationen, die den erdigen Grundgeschmack des Mangolds jeweils ganz unterschiedlich zur Geltung bringen. Und die mit den charakteristischen Zutaten verschiedener Gegenden der Welt arbeiten:

Französisch: Fein gewürfelte Zwiebeln in Butter andünsten, Mangoldblätter in Streifen geschnitten und ein, zwei Thymianzweiglein dazugeben. Zugedeckt dünsten, pfeffern, salzen und mit zerdrücktem Piment (Allgewürz oder, französisch, quatre épices) würzen.

Mediterran oder Italienisch: Zunächst in Olivenöl etwas Knoblauch andünsten, Chili dazu (nach Belieben frisch mit oder ohne Kerne, auch getrockneter Chili passt, einfach zwischen den Fingerspitzen zerkrümeln). Dann ein, zwei Anchovis zufügen und mit dem Kochlöffel ein wenig zerdrücken. Zu diesem so genannten Soffritto die nur grob zerkleinerten Mangoldblätter geben. Langsam, möglichst im eigenen Saft, im offenen Topf schmurgeln lassen, bis alles zusammengefallen ist. Nur sparsam salzen (wegen der Anchovis), dafür gut pfeffern und eine Spur Zitronenschale hineinreiben.

Deutsch: Speck sehr fein würfeln und auslassen, darin gehackte Zwiebeln und Petersilie andünsten. Mangoldblätter dazugeben, salzen und pfeffern, zugedeckt gar dünsten. Mit Muskat abschmecken.

Chinesisch: In neutralem Erdnussöl und einem kleinen Schuss Sesamöl als Würze eine fein gehackte Mischung aus Knoblauch, Ingwer und Chili sowie Frühlingszwiebel anbraten. Mangoldblätter dazugeben, dieses Mal richtig braten, am besten im Wok, wo man genügend Platz zum Umwenden hat. Salzen, pfeffern, mit Zucker würzen. Mit etwas Sojasauce und Reiswein ablöschen, nochmals unter Rühren aufkochen und sofort servieren.

So kann man Mangold immer wieder anders als Beilage servieren, zum gegrillten Kotelett, zur Bratwurst, zum gedämpften Fisch. Und er passt in dieser Form auch als Gemüsevorspeise aufs Büffet.

GETRÄNK

Ein runder, weicher Weißburgunder, zum Beispiel aus Baden, vom Weingut Kopp – er passt eigentlich zu allen vier Zubereitungen.

ZUTATEN

Für vier bis fünf Personen:

ca. 800 g Mangoldstiele
1 Zitrone
1 weiße Zwiebel
2-3 EL Olivenöl
ca. ⅛ l Brühe
Salz
100 g Speck in dünnen Scheiben
ca. 150 g Scamorza (geräucherter Mozzarella) oder ein frischer Büffelkäse
50 g Semmelbrösel
abgeriebene Zitronenschale
3-4 Stängel Petersilie
3 EL Olivenöl

Gratin von Mangoldstielen

Die dicken, breiten Stiele sind ein eigenes Gemüse. Sie müssen unbedingt sorgsam geputzt werden, dabei wie bei Rhabarber oder Stangensellerie alle Fäden abziehen. Dann schneidet man sie für unser Rezept längs in fingerdicke und fingerlange Streifen. Gleich in Zitronenwasser legen, dann werden sie appetitlich weiß. Als Grundrezept kann man sich merken: Diese Streifen in etwas Olivenöl andünsten, möglichst in einem flachen, weiten Topf, in dem sie viel Bodenkontakt haben und deshalb schön im Olivenöl schmurgeln können. Mit etwas Brühe besprenkeln, salzen und pfeffern; zugedeckt 10 bis 15 Minuten dünsten, dann sind die Mangoldstiele zart und lassen sich fabelhaft als Beilage servieren. Für unseren Gratin braucht man jedoch noch mehr:

1 Mangoldstiele wie oben beschrieben schälen, zuschneiden und in Zitronenwasser baden. Die Zwiebel fein würfeln und in dem Olivenöl anschwitzen. Die Mangoldstiele mitdünsten. Etwas Brühe angießen, salzen und zugedeckt knapp zehn Minuten dünsten. Dann mit einer Schaumkelle herausheben und in einer flachen, feuerfesten Gratinform verteilen, dabei schön parallel legen, wie Spargel.

2 Speck in feine Streifchen schneiden und zusammen mit dem in kleine Würfel geschnittenen Scamorza zwischen den Mangoldstreifen verteilen, dann alles pfeffern.

3 Schließlich Semmelbrösel, Zitronenschale und fein gehackte Petersilie mischen und gleichmäßig auf der Oberfläche verteilen. Alles mit Olivenöl beträufeln und im Ofen überbacken, bis der Käse schmilzt und alles brodelt.

BEILAGE

Weißbrot. Für Kartoffelfans passen aber auch Pellkartoffeln ideal dazu, damit kann man den Gemüsesaft schön auftunken.

GETRÄNK

Dazu gibt's einen erfrischenden Weißwein.

Capuns (Engadiner Mangoldröllchen)

Dieses Rezept haben wir aus der Schweiz mitgebracht, genauer gesagt: aus Graubünden. Man verwendet hierbei nur die Blätter vom Mangold, die Stiele also anderweitig verwenden.

1 Erst die Füllung: Mehl in eine Schüssel schütten, die Eier, Salz und zunächst die Milch zufügen, mit einem Kochlöffel gründlich und energisch schlagen, dann so viel Wasser einarbeiten, bis ein glatter, zäher Teig entstanden ist. Er soll wie ein Spätzleteig Blasen werfen. Den Teig mindestens eine Stunde, ruhig sogar den ganzen Tag quellen lassen.

ZUTATEN

Für vier bis sechs Personen:

300 g Mehl
4 Eier
1 gestrichener TL Salz
ca. ⅛ l Milch
ein guter Schuss Wasser
100 g roher Schinken
(in 3 mm dicken Scheiben)
100 g luftgetrocknete Wurst
(Kaminwurz oder Salsiz)
3-4 Stängel Petersilie
1 Bund Schnittlauch
ca. 700 g Mangoldblätter
ca. ⅛ l Brühe

Erst dann Schinken und Wurst in winzige Würfel schneiden (so groß wie die Schinkenscheibe dick), Kräuter fein hacken und einarbeiten.

2 Die Mangoldblätter waschen, dafür sorgen, dass wirklich alle dicken Stiele und Rippen herausgeschnitten sind. Kurz in kochendes Salzwasser versenken, dann herausheben und eiskalt abschrecken. Die Blätter halbieren oder sogar vierteln.

3 Ein Teelöffel Teigfüllung pro Röllchen ist genug, denn die Röllchen sollen höchstens daumenlang sein: in die Blattmitte setzen, dann die Seiten und ein Ende darüber klappen und zum freien Ende aufwickeln. Die Röllchen dicht an dicht nebeneinander in einen breiten, flachen Topf setzen, in dem zwei bis drei Löffel Olivenöl erhitzt wurden – Nahtstelle nach unten, damit sich die Röllchen nicht mehr öffnen können. Etwas Brühe angießen und zum Kochen bringen, dann die Hitze so regulieren, dass es nur noch leise blubbert. Etwa zehn Minuten gar ziehen lassen.

Zwiebelsauce:
2 kleine weiße Zwiebeln
2 EL Butter
¼ l Brühe
¼ l Sahne
1 Stückchen Zitronenschale
Salz, Pfeffer
Muskat
ein Hauch Cayennepfeffer
ein Spritzer Worcestershiresauce

Außerdem:
50 g hauchdünn geschnittener Speck

4 In der Zwischenzeit für die Sauce die Zwiebeln fein würfeln, in der Butter weich dünsten, ohne dass sie Farbe annehmen. Brühe und Sahne angießen, Zitronenschale zufügen und leise eine Viertelstunde köcheln. Dann mit Salz, Pfeffer, Muskat, Cayennepfeffer und Worcestershiresauce würzen und mit dem Mixstab pürieren.

5 Die Capuns auf Tellern anrichten. Die Sauce in dekorativen Klecksen drumherum verteilen. Den Speck in feine Streifen schneiden und knusprig braten. Am Ende obenauf verteilen.

BEILAGE
Frisches Brot – und ein Löffel für die köstliche Sauce!

GETRÄNK
Dazu passt am besten ein Schweizer Wein – zum Beispiel ein Pinot Noir (ein Spätburgunder) aus Graubünden.

Mangoldknödel

1 Die Brötchen in feine Scheiben, diese in Würfel schneiden, in einer Schüssel mit Milch benetzen und einweichen. Nicht die gesamte Milch auf einmal darübergießen, sondern nach und nach. Dazwischen immer wieder mischen und ziehen lassen – die Brötchen sollen aufweichen, dürfen aber auf keinen Fall matschig werden.

2 In der Zwischenzeit die Mangoldblätter blanchieren. Gut ausdrücken und sehr fein hacken. Die Stiele kann man in diesem Fall auch mitverwenden, sie müssen dann aber besonders fein gehackt werden. Eine Zwiebel würfeln, andünsten, dann Knoblauch sowie die gehackten Blätter und Stiele zufügen. Gut würzen, mit Salz, Pfeffer, Muskat und Piment. Unter die Semmelmasse mischen, ebenso die Eier und das Mehl. Alles gründlich zu einem festen Teig verarbeiten. Eine Stunde ruhen und quellen lassen, dann einen Probeknödel formen und kochen. Unbedingt! Löst er sich auf, müssen ein weiterer Löffel Mehl und Semmelbrösel eingearbeitet werden; ist er zu fest, den Teig mit etwas Milch lockern. Und natürlich kräftig abschmecken!

3 Die Knödel in einem breiten Topf, in dem sie möglichst nebeneinander Platz finden, in leise siedendem Salzwasser gar ziehen lassen.

4 Die Mangoldknödel schmecken „zu Wasser“ (in einer guten Brühe) oder „zu Lande“ (mit einem grünen Salat), wie man in Südtirol sagt.

GETRÄNK

Ein Rosé – zum Beispiel den einst legendären, dann etwas heruntergekommenen, inzwischen aber wieder zu neuen Ehren herangereiften Lagrein Kretzer aus Südtirol. „Kretzer“ heißt so viel wie: Nur kurz auf den Schalen vergorener, dann durch einen Korb, den „Kretzer“, abgefilterter Most. Er wird aus der farbintensiven, nur in Südtirol heimischen Rebsorte Lagrein gekeltert, aus der man auch einen dunklen, schweren und mächtigen Rotwein macht.

ZUTATEN

Für vier bis sechs Personen:

3 altbackene Brötchen
knapp ⅛ l Milch
750 g Mangold
Salz
1 Zwiebel
2 EL Olivenöl
3-4 Knoblauchzehen
Pfeffer
Muskat
Piment
3 Eier
1-2 EL Mehl
Semmelbrösel zum Binden

Frittierte Mangoldbällchen

Die Knödelmasse zu kleinen, etwa walnussgroßen Bällchen formen. In Semmelbröseln oder Hartweizengrieß wälzen und schließlich in heißem Öl schwimmend knusprig ausbacken. Auf Küchenpapier abtropfen lassen und mit Zahnstochern zum Aufspießen servieren. So passen die Mangoldbällchen prima zum Aperitif bei der nächsten Party! Zum Beispiel zu einem klassischen, trockenen, mineralischen Silvaner aus Franken – oder auch einem Weißburgunder aus dem Vinschgau.

Wirsing

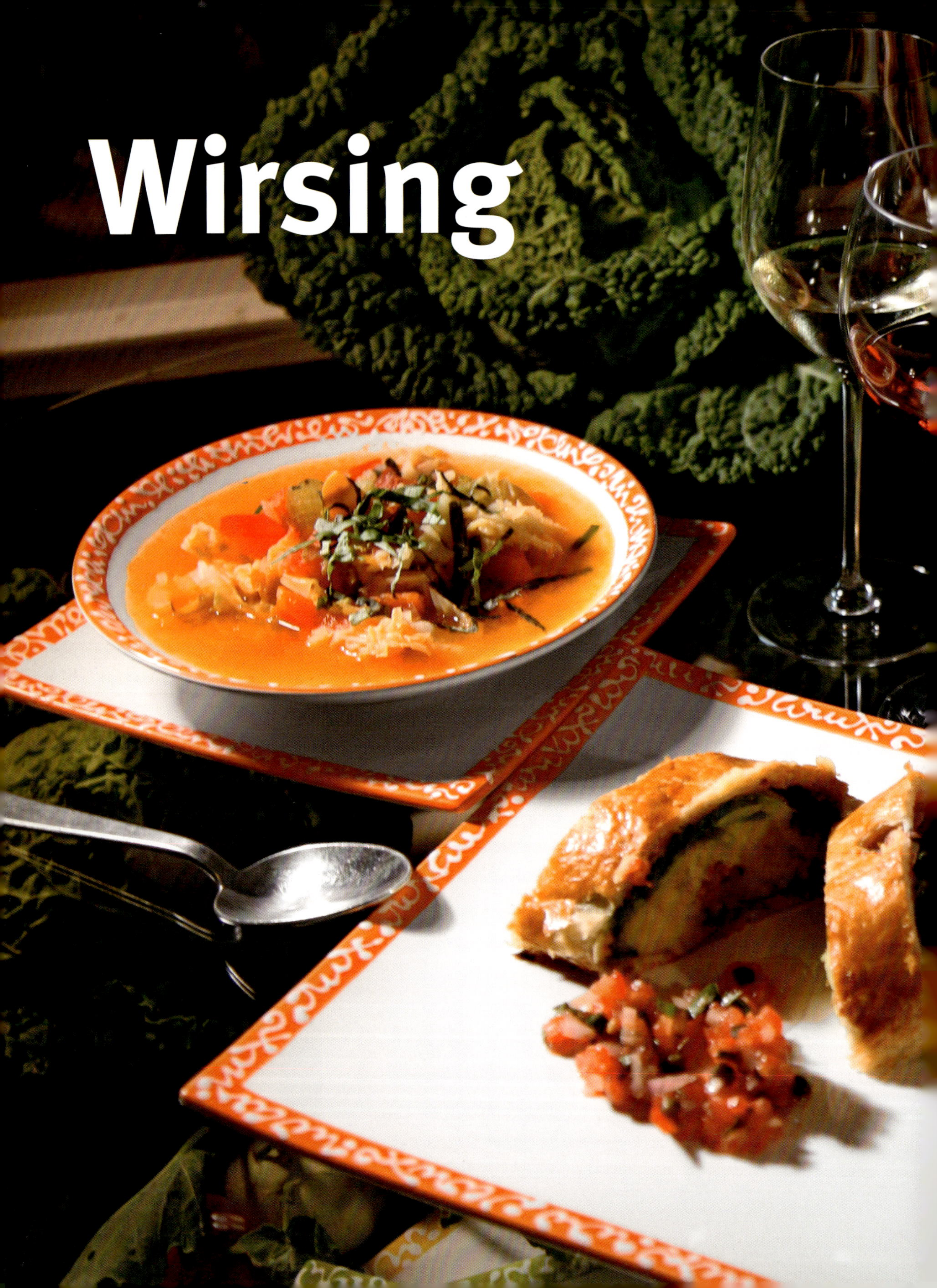

Wirsing: Ein krauser Kopf für viele gute Dinge

Der Kohl hat bei uns ja kein besonders glamouröses Image, beim Wort allein meint mancher schon den jahrhundertealten Muff aus ärmlichen Hausfluren zu riechen. Das ist bei Wirsing anders, schon sein Name hat einen feineren Klang, man glaubt sofort, dass sich auch elegante Gerichte aus ihm zaubern lassen.

Tipps für den Einkauf

Natürlich sollten die Wirsingköpfe schön frisch aussehen, sich prall und fest anfühlen, die Blätter straff, nicht welk sein, und er sollte möglichst keine oder wenig Verletzungen haben. Praktisch ist, dass man immer zwischen größeren und kleineren Köpfen wählen kann. Und, falls man doch nicht den ganzen Kopf auf einmal verarbeiten möchte: Er hält sich, die Schnittfläche mit einem feuchten Küchentuch abgedeckt, im Gemüsefach des Kühlschranks durchaus einige Tage. Dabei sollte man allerdings bedenken, dass sich das im frischen Wirsing reichlich enthaltene Vitamin C in dieser Zeit rasant abbaut.

Was alles Gutes drinsteckt

Im Wirsing findet sich von allen wichtigen Mineralstoffen wie Natrium, Kalium und Calcium mehr als in all den anderen Kohlsorten, vor allem Phosphor und Eisen. Nur beim Magnesium liegt der Weißkohl höher. Für die Verdauung besonders wichtig ist jedoch der stattliche Ballaststoffgehalt, der für eine gute und rasche „Verarbeitung“ sorgt. Natürlich sollte man all diese wichtigen Inhaltsstoffe nicht durch Unachtsamkeit vernichten – den Wirsing also nicht totkochen, sondern so schonend wie nur möglich verarbeiten.

ZUTATEN

Für vier Personen:

4-5 getrocknete Tomaten
1 Zwiebel
2-3 EL Olivenöl
100 g durchwachsener Speck
3-4 Knoblauchzehen
3 Stängel Petersilie
1 kleiner oder ½ Wirsingkopf
Salz, Pfeffer
Muskat
Zucker
Cayennepfeffer

Wirsinggemüse mit Tomatenduft

Eine schöne Beilage zu gebratenem oder gekochtem Fleisch (Siedfleisch) oder auch als ein eigenständiges, einmal (fast) fleischloses Gericht, nicht nur für Vegetarier.

1 Die Tomaten knapp mit kochendem Wasser bedecken und einweichen. Inzwischen die Zwiebel fein würfeln, im Topf im heißen Olivenöl andünsten. Den in sehr feine Streifchen geschnittenen Speck zufügen, ebenso den zerdrückten und gehackten Knoblauch, etwas fein geschnittene Petersilie sowie die eingeweichten, fein gewürfelten Tomaten. Alles miteinander ein bis zwei Minuten schmurgeln lassen.

2 Die äußeren, dunklen Blätter vom Wirsing entfernen, den Wirsingkopf (eventuell sogar in kochendem Salzwasser kurz blanchieren) in fingerbreite Streifen schneiden und zum Soffritto in den Topf geben. Gut mischen und bei milder Hitze langsam gar dünsten. Dabei mit Salz, Pfeffer, Muskat, je einer Prise Zucker und Cayennepfeffer kräftig würzen. Nach gut 10 bis 15 Minuten müsste der Wirsing zart sein, dürfte aber noch Biss haben. Jetzt die restliche Petersilie unterrühren.

3 Als Beilage, zum Beispiel auch zu gebratenem Fischfilet, oder als Gemüsegericht servieren.

GETRÄNK

Ein gradliniger, trockener Weißwein, ein Riesling zum Beispiel von der Nahe oder aus Franken. Riesling ist deswegen so ideal, weil seine etwas prägnantere Säure den Wirsing auch noch bekömmlicher macht.

Wirsingauflauf

ZUTATEN

Für vier bis sechs Personen:

1 großer Wirsingkopf
Salz
1 kg gekochte Kartoffeln (können auch vom Vortag sein)
Salz, Pfeffer
Muskat
300 g gekochter Schinken (in dicken Scheiben) oder Bratenreste
200 g geriebener Käse
2 Eier
⅛ l Sahne
⅛ l Brühe oder Milch
Balsamico
Butterflöckchen

Wunderbar für Gäste: Der Auflauf steht fix und fertig eingeschichtet parat und wird kurz bevor gegessen werden soll einfach in den heißen Backofen geschoben.

1 Den Wirsing putzen, die Blätter ablösen und in einem großen Topf in Salzwasser blanchieren. In streichholzschachtelgroße Flecken schneiden, die dicken Blattrippen heraus- oder flachschneiden. Die Kartoffeln pellen und in Scheiben hobeln. Abwechselnd mit den Wirsingfleckchen in eine feuerfeste Form schichten, jede Schicht mit Salz, Pfeffer und Muskat würzen, außerdem Schinkenwürfel und geriebenen Käse dazwischen streuen.

2 Schließlich Ei, Sahne und etwas Brühe verquirlen, kräftig würzen, vor allem mit einem Spritzer Balsamico, und über die Wirsing-Kartoffel-Mischung gießen. Obenauf Butterflöckchen setzen und eine halbe Stunde bei 200 °C im vorgeheizten Ofen (Heißluft 180 °C!) backen.

BEILAGE

Eine große Schüssel grüner Salat.

GETRÄNK

Wie für das tomatenduftende Gemüse eignet sich auch hier ein kraftvoller Riesling.

ZUTATEN

Für vier bis acht Personen (je nachdem, ob Gericht oder Häppchen):

1 mittelgroßer Wirsingkopf
Salz
1 Zwiebel
2-3 Knoblauchzehen
2-3 Chilis
6-8 EL Olivenöl
1 Bund frische Minze
500 g Schweinehack
4-6 Anchovisfilets
Salz, Pfeffer
Macis (gemahlene Muskatblüte)
frische Minze
ca. ½ l Brühe

Frische Tomatensauce:
4-5 reife Tomaten
2-3 EL Olivenöl
Salz, Pfeffer
Basilikum
einige Tropfen Balsamico
2-3 EL kleine Kapern

Wirsingröllchen

Kann man entweder als Vorspeise in einem Menü servieren oder als ganze Mahlzeit. Die Röllchen sind auch ein schönes Fingerfood – dann sollten sie allerdings auch wirklich nicht größer als ein kleiner Daumen sein ...

1 Zunächst die Blätter vom Wirsingkopf ablösen und in Salzwasser blanchieren. Das gelbe Herz für die Füllung vorsehen, dafür sehr fein hacken.

2 Jetzt die Füllung zubereiten: Zwiebel, Knoblauch, ein bisschen Chili, alles fein gehackt, nacheinander im heißen Öl andünsten. Auch das gehackte Innere des Wirsings kurz mitbraten. Etwas abkühlen lassen und gut mit dem Schweinehackfleisch mischen (kein Ei, das macht die Füllung hart; das Eiweiß vom Fleisch sorgt für genügend Bindung). Mit Anchovis (sehr fein hacken!), Macis und viel frischer Minze würzen!

3 Diese Farce teelöffelweise in die Blätter wickeln und kleine (!!) Röllchen wickeln. Nebeneinander in einem breiten, flachen Topf in heißem Olivenöl anbraten – immer mit der Nahstelle nach unten beginnen, damit das Röllchen zusammenhält –, mit dünner Brühe benetzen und zugedeckt gar schmurgeln.

4 Für die Sauce die Tomaten mit kochendem Wasser überbrühen, eiskalt abschrecken, dann die Haut abziehen. Kerne und harten Strunk entfernen, das Fleisch fein würfeln. In einer Schüssel mit Olivenöl ver-

rühren, salzen und pfeffern, das fein geschnittene Basilikum sowie den Balsamico unterrühren. Dann in einem Sieb über einer Schüssel abtropfen lassen (den Saft trinken – nicht wegschütten; schmeckt prima!). Erst jetzt die Kapern untermischen und nochmals abschmecken.

5 Die Röllchen auf dem Teller anrichten und die Tomatensauce in kleinen Klecksen dekorativ drumherum verteilen.

BEILAGE

Dazu gibt's Brot – wem das nicht reicht, der serviert einen schönen Klacks Kartoffelpüree. Wer die Röllchen als Fingerfood serviert, richtet sie auf einer Platte an, dazu Zahnstocher zum Nehmen und Aus-der-Hand-essen.

GETRÄNK

Je nachdem, wie die Röllchen angeboten werden: als Hauptgericht, dann passt gut ein Gutedel oder Silvaner; werden sie als Fingerfood gereicht, ein trockener Muskateller oder ein Riesling-Winzersekt.

TIPP

Kaufen Sie beim nächsten Mal in Italien Kapern auf dem Markt oder im Supermarkt. Dort bekommen Sie für wenig Geld eine ganze Kilodose Kapern, die in Salz eingelegt sind – so werden sie nämlich ursprünglich hergestellt: Die Knospen des Kapernstrauchs nicht in Salzlake eingelegt wie in der Industrieproduktion, sondern in Meersalz – wo sie in vierzehn Tagen bis vier Wochen fermentieren und zu Kapern heranreifen. Vor dem Gebrauch entnimmt man die benötigte Menge, spült sie in einem Sieb gut ab und legt sie in einem Schraubglas mit einem guten Essig bedeckt ein. So schmecken Kapern einfach besser, und meist auch denen, die sie sonst nicht so gerne mögen …

ZUTATEN

Für drei bis vier Personen:

1 Rolle TK-Blätterteig (man kann auch türkischen Yufkateig verwenden)
200 g gekochter Schinken in dünnen Scheiben
1 kleiner Wirsingkopf
Salz
1 Portion Kartoffelpüree (aus ca. 500 g frisch gekochten Kartoffeln, ⅛ l Milch, 1 EL Butter, Salz, Muskat)
4-6 frische (rohe), grobe Bratwürste
1 Eigelb
2 EL Milch

Wirsing im Blätterteig

Ein schöner Hingucker auf dem Party-Büffet: Schmeckt frisch aus dem Ofen, aber auch kalt.

1 Den Teig auf der Arbeitsfläche ausbreiten, mit den Schinkenscheiben belegen, an einer Längskante einen breiten und an den Seiten einen schmalen Rand freilassen. Die in Salzwasser blanchierten Wirsingblätter in mehreren Lagen darauf ausbreiten und gut mit Pfeffer und Muskat würzen.

2 Das Kartoffelpüree (dafür frisch gekochte, noch heiße Kartoffeln pellen, durch eine Presse drücken, mit der heißen Milch und Butter zu Püree verarbeiten, dabei salzen und mit Muskat würzen) auf dem Wirsingbett verstreichen. In die Mitte davon in einer Linie die aus ihrer Pelle gelösten Bratwürste setzen. Jetzt alles aufrollen, aber nicht zu eng wickeln, damit nichts herausquillt. Die Rolle an den Seiten einschlagen und dann mit der Nahtstelle nach unten auf ein mit Backfolie oder -papier bedecktes Blech setzen. Mit einer Mischung aus Eigelb und Milch gleichmäßig einpinseln. Mit einem kleinen runden Ausstecher kleine Luftlöcher in die Teigoberfläche schneiden, damit der Dampf entweichen kann.

3 Im 200 °C heißen Backofen (Umluft, Ober-/Unterhitze 220 °C) etwa 30 Minuten backen, bis die Rolle schön gebräunt ist – eventuell zwischendurch noch mal einpinseln.

4 Vor dem Anscheiden die Blätterteigrolle etwa fünf Minuten ruhen und sich setzen lassen. Erst dann in knapp zweifingerbreite Scheiben schneiden und servieren.

BEILAGE

Dazu gibt's Salat.

GETRÄNK

Bier passt gut, oder ein herzhafter Riesling, zum Beispiel eine Spätlese aus der Pfalz. Man könnte aber auch einen deftigen Rotwein dazu trinken, einen Sangiovese aus der Romagna oder den Marken vielleicht, oder einen Montepulciano aus den Abruzzen.

Schlankmacher Wirsingsuppe

Die so genannte Magische Kohlsuppe geistert ja schon seit Jahren als Geheimtipp durch die Lande, angeblich das ideale Mittel, um schnell hässliche Pfunde zu verlieren! Keine Angst, wir wollen uns heute nicht einfach diesem Chor anschließen, aber unsere Wirsingsuppe hilft Ihnen vielleicht tatsächlich, beides zu vereinen: Es ist nämlich eine wirklich gute Suppe, die schmeckt, satt macht und dem Körper alles Wichtige liefert, aber nur so wenig Kalorien hat, dass man sich tatsächlich ein paar Tage davon ernähren und so elegant abnehmen kann. Warum

ZUTATEN

Für zwei Personen:

1 große Zwiebel
1 kleiner Wirsing
Knoblauch und Chili nach Geschmack
1 Pfund Tomaten
1 rote Paprikaschote (sieht am Ende schöner aus als der grüne Paprika)
3-4 Stängel Stangensellerie
Petersilie
1 EL Olivenöl

die klassische, angeblich magische Kohlsuppe einem nach kurzer Zeit auf den Keks geht: Immer wieder aufgewärmt, entwickelt Kohl am Ende tatsächlich nur noch wenig Geschmack, dafür im Körper blähende Gase. Deshalb sollte man lieber nur so viel auf einmal kochen, wie in zwei, höchstens drei Tagen verspeist wird.

1 Im Grunde werden alle Zutaten für die Suppe nur klein geschnitten und nacheinander in einen passend großen Topf gefüllt. Das Geheimnis, damit es auch wirklich gut schmeckt, ist ein kleiner Löffel Olivenöl. Der liefert nur unwesentlich Kalorien, dafür aber viel Geschmack! Darin wird zunächst die Zwiebel angedünstet, dann kommen Wirsing und alle andere Gemüse sowie Knoblauch und nach Geschmack Chili hinzu. Nur eine Handbreit Wasser angießen, salzen und pfeffern und zugedeckt leise etwa zehn Minuten köcheln, bis alles weich ist.

2 Die erste Portion wird so gegessen. Zu den folgenden Mahlzeiten kann immer wieder ein kleiner Anteil frisches Gemüse zugefügt werden. Und am Ende, wenn die Basis wiederholt aufgekocht wurde, wird sie püriert: Einfach mit dem Mixstab darin spazieren gehen – so bekommt die Suppe nicht nur eine andere Konsistenz, sondern auch einen anderen Geschmack.

3 Außerdem zum Immer-wieder-Abwandeln erlaubt: reichlich frische Kräuter – Basilikum, Schnittlauch, Kerbel, Minze oder einfach Petersilie.

Wenn Sie das eine Woche durchhalten, zugleich öfter die Treppe als den Aufzug nehmen, womöglich noch zusätzlich radeln, schwimmen oder sich sonst wie bewegen, dann nehmen Sie garantiert ein paar überflüssige Pfunde ab!
Und das Schöne ist: Ein Glas Wein dazu ist ausdrücklich erlaubt, denn es fördert den Stoffwechsel, kurbelt die Verdauung an und hebt die Laune. Viel Erfolg also beim Abnehmen …

GETRÄNK

Dazu passt dann ein duftiger Rotwein (Valpolicella/Venetien), ein aromatischer Rosé (zum Beispiel aus der Rebsorte Nerello Mascalese/Sizilien) oder ein kräftiger Weißwein (Sauvignon Blanc/Friaul).

Übrigens: Wer keine Gewichtsprobleme hat, der würzt die Suppe noch zusätzlich mit einem Schuss frischem Olivenöl (schmeckt nicht nur, sondern macht sie auch bekömmlicher!) und streut sich frisch geriebenen Parmesan darüber – denn was ist diese Suppe im Grunde anderes als eine italienische Minestrone?

Äpfel

Äpfel: Neue Rezepte für unser Lieblingsobst

Äpfel sind eindeutig das Lieblingsobst der Deutschen. Das wurde gerade erneut in einer Umfrage (von der Zentralen Marketinggesellschaft der Deutschen Agrarwirtschaft) festgestellt. 95 Prozent aller Deutschen, so hat man herausgefunden, lieben Äpfel, mehr als ein Drittel beißt sogar täglich oder fast täglich in einen hinein. Und das ist auch gut so, denn die alte Regel: An apple a day keeps the doctor away (ein Apfel pro Tag erspart den Arzt!) stimmt, das ist erwiesen. Im Apfel stecken so viele bioaktive Substanzen, dass man ihn tatsächlich als vorbeugende Medizin verschrieben bekommen sollte. Gott sei Dank kann man sich den täglichen Apfel auch ohne Hilfe der Krankenkasse leisten, denn Äpfel sind nicht teuer.

Besonders Frauen greifen gerne zu dem verführerischen Obst – nämlich jede Zweite täglich! Was bibelfeste Menschen nicht erstaunen dürfte. Erstaunlicherweise jedoch sind sie es, die eher säuerliche Apfelsorten bevorzugen, während Männer mehr zu den nur süßen Sorten neigen. „Saftig“ und „knackig“ hingegen mögen beide Geschlechter ihre Äpfel!

Was uns als Apfelbauern ganz besonders freut: Mehr als die Hälfte der Käufer bevorzugt dieses Obst aus deutscher Herkunft, auch die Sorten werden von vielen beachtet.

Apfelsorten

Apfel ist nicht gleich Apfel – eine Binsenwahrheit. Leider ist das Angebot auf den Märkten nicht so umfassend, wie es möglich wäre – mehr als dreitausend Apfelsorten soll es geben. Ein guter Apfelbetrieb baut mindestens zwanzig verschiedene an. Aber beim Händler kann man meistens froh sein, wenn sich drei oder vier verschiedene Apfelsorten in den Körben finden lassen. Natürlich kommt es immer auf die Jahreszeit an. Im Winter sind andere Sorten im Angebot als im Spätsommer.

Im späten Juli, frühen August beginnt das Apfeljahr mit dem hellgrünen Jakob Klar, oft einfach nur kurz Klarapfel genannt. Danach kommen die frühen Sorten wie D'Elva Estivale und der großartige Gravensteiner. Anfang September beginnt die Haupternte, und man kann aus

einem immer größeren Angebot wählen. Manche Äpfel müssen nach der Ernte noch gelagert werden, um nachzureifen, und kommen erst im Winter auf den Markt.
Im Allgemeinen empfehlen sich für Suppen und Salate vorzugsweise säuerliche Äpfel, die erfrischend wirken: Jakob Klar, Gravensteiner, Elstar, Jamba, Boskop, Glockenapfel, Ontario.
In Verbindung mit Gemüse, Fleisch und Wurst kommen die aromatisch würzigen Sorten bestens zur Geltung, doch sollten auch sie über eine gewisse Säure verfügen, wie zum Beispiel Alkmene, Cox Orange, Holsteiner Cox, Ingrid Marie, James Grieve, Gravensteiner, Goldparmäne, Berlepsch, Jonagold.
Beim Backen kommt es auf die Art des Kuchens an: Flache Kuchen brauchen eher saftige Äpfel wie Gravensteiner, Jakob Lebel, Berlepsch, Boskop, während gedeckte Kuchen nur solche Sorten vertragen, die ihre Form behalten und keine oder möglichst wenig Flüssigkeit abgeben, wie etwa Golden oder Red Delicious. Ersterer hat zudem den Vorteil, nicht braun zu werden, weshalb ihn die Konditoren ganz besonders lieben.
Bei Desserts haben Sie dann ganz freie Hand: Fast alle Sorten eignen sich, es ist mehr eine Frage des individuellen Geschmacks.

Äpfel richtig aufbewahren

Wer Wert auf gute Äpfel legt, kauft sie wahrscheinlich auf dem Markt oder gleich beim Apfelbauern ein. Vor allem, wenn eine längere Fahrt dorthin nötig ist, wird man größere Menge einladen. Und zu Hause stellt sich die Frage: Wohin damit? Schließlich will man noch eine ganze Weile etwas davon haben. Äpfel sollten kühl, aber nicht kalt, bei angenehmer Luftfeuchtigkeit und möglichst dunkel lagern. Im Keller also. Aber wer hat schon einen? In einer Stadtwohnung kann man sie in einem Karton auf den Balkon stellen (bitte nicht direkt von Sonne beschienen), möglichst nah an der Hauswand, wo die Äpfel vor allzu großer Kälte geschützt sind.
Kleinere Mengen lassen sich in einer Plastiktüte frisch halten, die mit einigen Löchern versehen ist, damit die Früchte nicht ersticken. Versuchen Sie, an einem dunklen Ort ein Plätzchen für diese Tüte zu finden: in der Speisekammer, an einer Hauswand, in der Küche oder im kühlen Schlafzimmer, unterm Bett.

Apfelkuchen mit Basilikum

ZUTATEN

Für eine Springform von 28 bis 30 cm Durchmesser:

Hefeteig:
300 g Mehl
¼ Würfel Hefe (10 g)
knapp ⅛ l Milch
1 Ei
50 g Butter
1 EL Zucker
1 Prise Salz

Belag:
ca. 1 kg Äpfel
Saft und Schale einer Zitrone
75 g Mandeln
100 g Zucker (kann auch brauner Zucker sein, der weniger süßt, dafür herzhafter schmeckt)
1 Händchen voll Basilikumblätter

Außerdem:
1 Eigelb
4 EL Sahne zum Bestreichen

Superpfiffig – aus Hefeteig, der hauchdünn ausgezogen wird. Und Basilikum passt glänzend zu Äpfeln. Wir mixen die Blätter mit Mandeln und Zucker, dieses Gemisch kommt als Unterlage für die Äpfel auf den Teigboden und schützt ihn vor dem Aufweichen. Übrigens kann man von dem Teig während der Apfelkuchensaison ruhig gleich eine doppelte Portion zubereiten. In einer Plastiktüte hält er sich im Kühlschrank bis zu einer Woche – und lässt sich derart lange ausgeruht sogar noch besser dünn ausrollen …

1 Das Mehl in die Rührschüssel der Küchenmaschine füllen. Die Hälfte der Milch erwärmen und die Hefe darin verrühren. Zum Mehl schütten und mit einem Tuch zugedeckt zehn Minuten gehen lassen. Dann die Maschine einschalten und das Ei, die weiche Butter in Flöckchen (mit zwei Flöckchen die Form ausbuttern), den Zucker und das Salz zufügen und gründlich durcharbeiten. So viel Milch zufügen, bis ein weicher, geschmeidiger Teig entsteht. Den Teig zu einer Kugel formen und in einer gut zugedeckten, vielleicht sogar vorgewärmten Schüssel mindestens eine Stunde, ruhig auch länger, gehen lassen. (Wer den Teig schon am Vortag herstellen möchte, ihn also noch länger gehen lassen will, stellt ihn in den Kühlschrank.)

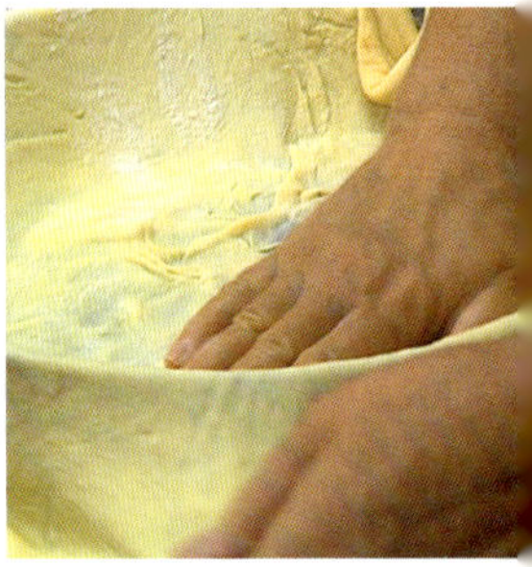

2 Den Teig schließlich sehr dünn ausrollen, er soll einen etwa doppelt so großen Durchmesser wie die Form haben. Die Form damit so auslegen, dass der Teig rundum überall gleich weit übersteht.

3 Die Äpfel schälen, vierteln, das Kerngehäuse entfernen. Die Viertel in zentimeterdicke Scheiben schneiden. Mit Zitronensaft vermischen, damit sie schön bleiben.

4 Mandeln, Zucker und Basilikum im Mixer zerkleinern (Basilikum vorher unbedingt in einer Schüssel mit kochendem Wasser überbrühen, abgießen und eiskalt abschrecken – so bleibt es schön grün!). Die Hälfte davon auf dem Teigboden verteilen, den Rest unter die Äpfel mischen. Diese dann in der Form schön verteilen. Den Teig darüber zusammenschlagen und in der Mitte zusammenführen, überschüssigen Teig wegschneiden. Eigelb und Sahne miteinander verquirlen und die Oberfläche damit einpinseln. Den Kuchen bei 200 °C ca. 30 bis 35 Minuten backen.

BEILAGE

Halbsteif geschlagene Sahne – nach Belieben auch sie mit Basilikum gewürzt. Dafür die Sahne erst mit einigen blanchierten Blättern glatt mixen, dann wie gewohnt aufschlagen.

GETRÄNK

Dazu gibt's Kakao beziehungsweise eine richtige **Schokolade,** die rasch zubereitet ist: Milch aufkochen, Schokoladenstückchen darin schmelzen und mit dem Schneebesen oder Mixstab aufschlagen.

Apfel im Schlafrock

Aus einem Rest des Hefeteigs von unserem Apfelkuchen lässt sich ganz schnell dieser köstliche gebackene Apfel machen:

ZUTATEN

Pro Person:

1 gute Handvoll Hefeteig
(oder 1 Blatt TK-Blätterteig)
1 mittelgroßer Apfel
Zitronensaft
frische Himbeeren und/oder
1-2 EL Himbeerkonfitüre
Zucker
Eigelb und Sahne (verquirlt)
zum Bestreichen

Den Teig auf einer bemehlten Fläche so groß ausrollen, dass man den Apfel darin einwickeln kann. Das Kerngehäuse mit dem Bohrer ausstechen und die Schnittstelle mit Zitronensaft einreiben, damit sich nichts verfärbt. Frische Himbeeren und/oder Konfitüre einfüllen. Den Apfel auf die Teigfläche setzen, nach Belieben zuckern. Den Teig hochnehmen und über dem Apfel zusammenführen. Mit der verquirlten Ei-Sahne-Mischung bestreichen. 30 Minuten bei 200 °C backen (Heißluft; 220 °C bei Ober-/Unterhitze).

Bratapfel aus der Mikrowelle

Steht buchstäblich im Handumdrehen auf dem Tisch: Einen Apfel an der dicksten Stelle rund um seinen Äquator mit einem scharfen Messer einschneiden. Auf einem Teller in die Mikrowelle stellen und auf der höchsten Stufe zweieinhalb bis drei Minuten erhitzen – am besten dabei beobachten: Der Apfel dehnt sich aus und hebt sich ein wenig. Herausnehmen und in zwei Hälften teilen. Jetzt lässt sich das Kerngehäuse leicht herausschaben. Einen Löffel Johannisbeergelee in die Mitte setzen, nach Belieben mit einigen Topfen Sahne benetzen und auslöffeln …

Apfelschmarrn

Eine Mehlspeise, wie man sie in Bayern oder in Österreich liebt. Ein Schmarrn ist eine luxuriöse, üppige Sache: Der Teig wird über in Butter karamellisierte Apfelschnitze geschüttet und dann im Backofen gebacken, bis er aufgeht und bräunt. Schließlich wird das Ganze mit zwei Gabeln zerrissen und mit Puderzucker bestäubt: Der Apfelschmarrn muss duftig, saftig und knusprig zugleich sein, das ist die Kunst!

ZUTATEN

Für vier Personen:

4-5 Eigelb
2-3 EL Zucker
etwas abgeriebene Zitronenschale
2 gehäufte EL Mehl
¼ l Sahne (oder zur Hälfte Milch nehmen)
4 Eiweiß
1 Prise Salz
3-4 Äpfel (je nach Größe)
2-3 EL Butter
Puderzucker

1 Die Eigelb mit Zucker, Zitronenschale und Mehl glatt rühren, die Sahne angießen und alles zu einem dickflüssigen Pfannkuchenteig rühren. Die Eiweiß mit einer Prise Salz steif schlagen und unter die Eimasse heben.

TIPP

Noch üppiger wird der Apfelschmarrn, wenn man in Apfelbrand eingeweichte Rosinen dazwischenstreut oder am Anfang noch Mandelstifte, gehackte Walnüsse oder Pinienkerne mitröstet.

2 Die Äpfel vierteln, vom Kerngehäuse befreien und in Spalten schneiden.

3 Am besten jetzt in Portionen arbeiten: In einer Pfanne in etwas Butter aufschäumen lassen, Apfelspalten darin auslegen und anrösten, zugleich mit etwas Zucker bestreuen, damit sie karamellisieren. Fingerhoch Schmarrnteig darübergießen, kurz erhitzen, dann die Pfanne in den 200 °C heißen Ofen stellen (Heißluft; Ober-/Unterhitze 220 °C). Nach etwa vier bis fünf Minuten müsste der Schmarrn hochgegangen und schön gebräunt sein. Herausholen, mit einer Gabel zerreißen, mit Puderzucker bestäuben und sofort servieren.

GETRÄNK

Dazu gibt's Apfelsaft auf Eiswürfeln, gewürzt mit Zitronenschale und Minze. Wir nehmen naturtrüben Saft, in dem noch alle Inhaltsstoffe stecken.

Kräuter-Apfeltäschchen mit Salbei-Mohn-Butter

Ravioli mal anders: Sehen hübsch aus und schmecken super. Dabei machen sie wirklich nicht viel Mühe, denn den Teig kaufen wir fix und fertig im Asienladen.

1 Zuerst die Füllung zubereiten: Die Äpfel schälen, entkernen, vierteln und in Würfel schneiden. Mit Zitronensaft beträufeln, damit sie sich nicht verfärben. In einer Schüssel mit fein geschnittener Minze, etwas Muskatblüte, Pfeffer, Cayenne oder winzig gewürfelten Chili sowie einer Prise Salz würzen. Den Speck in feine Würfel schneiden und in einer Pfanne auslassen, dabei nur sanft bräunen. Blutwurst oder gekochten Schinken kann man roh gewürfelt unter die Äpfel mischen.

2 Die Teigblätter nebeneinander ausbreiten, rundum mit Wasser oder Eiweiß einpinseln. Auf eine Ecke jeweils einen Löffel Füllung platzieren, die andere Ecke darüberklappen, sodass ein Dreieck entsteht. An allen Seiten gut zusammendrücken. Die Täschchen in siedendem Salzwasser pochieren, bis sie oben schwimmen.

ZUTATEN

Für vier Personen:

2 Äpfel
Zitronensaft
frische Minze
Muskatblüte
Pfeffer
eine Spur Cayenne oder etwas frischen Chili
50 g Speck (auch Blutwurst oder gekochten Schinken)
Salz
ca. 20 Wan-Tan-Teigblätter (gibt's frisch oder tiefgekühlt)
50 g Butter
1 Händchen voll Salbeiblätter
1 gehäufter EL Mohn

3 In der Zwischenzeit die Butter in einer kleinen Pfanne aufschäumen lassen und die in Streifen geschnittenen Salbeiblätter sowie die Mohnsamen darin rösten.

4 Die Teigtäschchen mit einer Schaumkelle herausheben und auf Tellern anrichten. Mit der Salbei-Mohn-Butter begießen und sofort servieren.

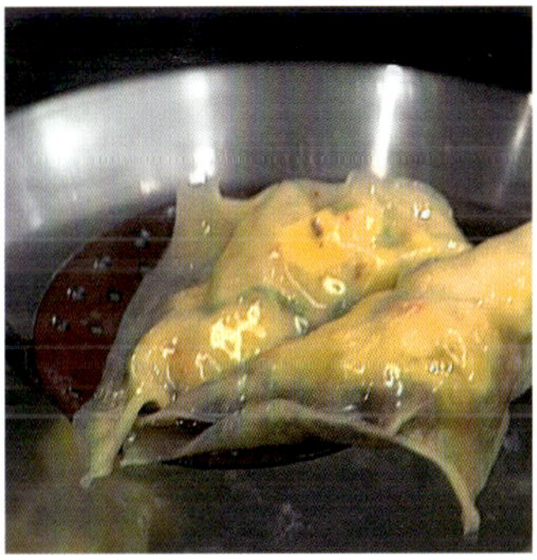

GETRÄNK

Ein erfrischender Apfelwein oder Cidre.

SÜSSE VARIANTE ALS DESSERT

Die Äpfel für die Füllung hierfür mit Zitronenschale und Zucker würzen. Wie oben beschrieben kochen oder frittieren. Die Mohnbutter dann ohne Salbei zubereiten, eventuell mit etwas Zucker würzen. Den Joghurt-Dip für die gebackenen Täschchen mit Honig süßen.

TIPP

Man kann die Teigtäschchen auch in heißem Öl oder Schmalz schwimmend knusprig frittieren. Dann allerdings gibt es statt der flüssigen Butter einen Joghurt-Dip dazu: Joghurt mit Zitronensaft und einer Prise Salz glatt rühren. Falls er zu dünnflüssig ist, etwas Quark oder Frischkäse untermengen.

Himmel und Erd'

Äpfel und Kartoffeln passen prima zusammen – zum Beispiel miteinander zerdrückt als Püree.

Zwiebel fein würfeln und in der Butter andünsten. Die Kartoffeln schälen, würfeln und in den Topf füllen. Salzen, pfeffern, Majoran zufügen und wenig Wasser angießen. Zugedeckt in etwa zehn Minuten weich kochen. Inzwischen die Äpfel schälen, vierteln, entkernen und in Scheibchen schneiden. Zu den Kartoffeln geben und mitdünsten. Dann mit dem Kartoffelstampfer alles glatt stampfen, dabei so viel Milch angießen wie nötig, damit ein sahnig-cremiges Püree entsteht. Mit Muskat abschmecken.

ZUTATEN

Für vier Personen:

1 Zwiebel
2 EL Butter
600 g Kartoffeln
Salz, Pfeffer
1 TL getrockneter Majoran
2 Äpfel
ein guter Schuss Milch oder Sahne
Muskat

Blutwurst-Apfel-Happen

Ein schöner Leckerbissen zum Wein: Äpfel vierteln und das Kerngehäuse entfernen. Die Viertel in dicke, mundgerechte Scheiben schneiden und mit Würfeln einer sehr guten Blutwurst belegen. Mit frischen Minze- oder Basilikumblättchen schmücken und einen Tropfen eines guten, konzentrierten, dickflüssigen Balsamicos (vorzugsweise Apfel-Balsam) daraufträufeln.

Apfelgemüse mit Rosmarin

Die berühmte Leber Berliner Art ist ja ein unverwüstlicher Klassiker und immer wieder ein Genuss. Wir wandeln das Rezept ab und schmurgeln die Apfelscheiben zusammen mit roten Zwiebelringen. Dazu gibt's Lammkoteletts, die mit Knoblauch und Rosmarin gebraten sind. Etwas Chili bringt Schärfe, der Rosmarin mediterranen Duft.

ZUTATEN

Für vier Personen:

3 mittelgroße Äpfel
Zitronensaft
1-2 rote Zwiebeln
2 EL Olivenöl
8-12 Lammkoteletts (nach Größe)
1-2 Knoblauchzehen
1 rote oder grüne Chilischote
1 kleiner Rosmarinzweig
1 Prise Zucker
Salz, Pfeffer

1 Die Äpfel vierteln, Kerngehäuse herausschneiden, die Viertel in Spalten schneiden – nicht schälen, das gibt dem Gericht Farbe. Mit Zitronensaft mischen, damit die Schnitze nicht anlaufen. Die roten Zwiebeln ebenfalls in Spalten schneiden.

2 Das Öl in einer Pfanne erhitzen, die Lammkoteletts darin auf beiden Seiten sehr heiß anbraten, dabei mit Salz und Pfeffer würzen. Aus der Pfanne nehmen und zwischen zwei vorgewärmten Tellern warm halten. Im verbliebenen Fett die Äpfel und Zwiebel anrösten. Den gehackten Knoblauch und die Rosmarinnadeln zufügen, auch die Chilischote, mit oder ohne Kerne, auf alle Fälle fein gehackt. Schließlich mit Zucker bestreuen und karamellisieren lassen, dann salzen und pfeffern.

BEILAGE

Entweder nur frisches Brot oder ein Apfel-Kartoffelpüree (siehe links).

GETRÄNK

Ein kräftiger, junger Rotwein mit geradezu kirschartiger Frucht, zum Beispiel ein Syrah oder Merlot aus dem Burgenland (Österreich) oder der Toskana, beides Weinbauregionen, in denen man besonders experimentierfreudig ist. Sehr gut schmeckte uns dazu ein knackiger, kräftiger, sauber ausgebauter Blauer Portugieser aus Rheinhessen.

Herbst

Herbst: Zeit für eine knusprige Ente! Kross und saftig, ein richtiger Festtagsbraten

So etwas gönnt man sich nicht alle Tage: Eine gebratene Ente, deren Duft schon vor dem Essen das ganze Haus erfüllt, bis sie dann verlockend knusprig auf dem Tisch steht. Mit Rosenkohl und einer Sauce, von der man noch den letzten Tropfen mit dem Finger vom Teller wischt. Ein Festtagsbraten!

Wir finden, man muss durchaus nicht bis Weihnachten auf ein solches Vergnügen warten. Im Herbst ist genau die richtige Zeit dafür: Die Enten sind jung und ihr Fleisch zart. Und wir zeigen Ihnen, wie alles perfekt gelingt. Laden Sie sich also Freunde ein – was gibt's Schöneres, als gemeinsam am Tisch zu sitzen, zu genießen, zu schwatzen, gut zu essen und zu trinken?

Es heißt ja, eine Ente sei ein unpraktisches Tier: für einen zu viel und für zwei zu wenig ... Tatsächlich reicht eine ordentliche Ente durchaus für vier Personen, schließlich gibt's ja noch etwas dazu. Zum Beispiel die Füllung – die bei uns diesmal aus Kartoffeln besteht! Und denken Sie daran: ein Festessen ist es ja eigentlich nur, wenn es außerdem eine Vorspeise und hinterher ein Dessert gibt!

Gebratene Ente mit Kartoffelfüllung

Eine gut gemästete, gut zwei Kilo schwere Ente sollte es schon sein. Dann ist das Fleisch ausgereift, kernig und herzhaft. Sollte sie tiefgekühlt sein, bitte langsam auftauen lassen – wenn es draußen kalt ist (unter acht Grad), ruhig auf dem Balkon, sonst im Keller oder im Kühlschrank. Das ist wichtig, weil so das in den Zellen gespeicherte Wasser langsam schmelzen kann und die spitzen Eiskristalle, die sich beim raschen Auftauen bilden, die Zellwände nicht zerreißen. Eine anständige Ente aus einem kleinen Betrieb braucht man nicht zu waschen, es genügt, sie innen und außen mit Küchenpapier aus- und abzuwischen. Eine aufgetaute Ente allerdings sollte man sicherheitshalber gründlich unter kaltem Wasser ab- und ausspülen und anschließend gut abtrocknen. Der Rest ist ganz einfach.

1 Die Ente mit Küchenpapier auswischen, wenn nötig waschen. Salz, Zucker, Pfeffer, Majoran und Kümmel im elektrischen Zerhacker mixen. Mit einem Teil dieser Gewürzmischung die Ente innen und außen einreiben, gut einmassieren.

ZUTATEN

Für vier Personen:

1 schwere, schöne Ente (gut 2 kg)
Gewürzmischung aus 1 gehäuftem TL Salz, 1 TL Zucker, je 1 TL weiße und schwarze Pfefferkörner, 2 EL getrockneter Majoran, 1 EL Kümmel

Außerdem:
ca. 500 g Kartoffeln
2 rote Zwiebeln
2 EL Olivenöl (oder Butter)
3-4 Stängel glatte Petersilie
1-2 Tassen zentimeterklein gewürfeltes Wurzelwerk: Möhre, Lauch, Sellerie
1 Glas Weißwein
ca. ½ l Brühe

Zum Bestreichen:
3 EL Apfelessig
1 EL Sojasauce
1 EL Zucker

Sauce:
1-2 EL Quittengelee oder -konfitüre
Salz, Pfeffer, Cayennepfeffer
Balsamico oder Zitrone

2 Kartoffeln und Zwiebeln schälen, Kartoffeln in zweizentimeter-, die Zwiebeln in knapp zentimeterkleine Würfel schneiden. In einer großen Pfanne im heißen Öl fünf Minuten andünsten, dabei immer wieder schwenken. Erst jetzt die nicht zu fein gehackte Petersilie sowie die restliche Gewürzmischung unterrühren. Alles in den Entenbauch füllen (was nicht hineinpasst, kommt später zusammen mit dem Wurzelwerk in die Bratenform). Die Öffnung zunähen oder mit Zahnstochern zustecken.

3 Die Ente an den fettesten Stellen – unter den Flügeln, am Pürzel und auf der Brust – mit einer Gabel mehrfach einstechen, so kann das Fett besser herausbraten. Den Vogel mit Küchenzwirn in Form binden, vor allem die Flügel und Beine an den Körper schnüren, damit nichts absteht, was verkohlen könnte.

4 Mit der Brust nach unten in eine Bratenform setzen und in den 250 °C heißen Ofen schieben. Dort soll etwa 20 bis 25 Minuten lang zunächst das Fett herausbraten, bevor die Ente auf den Rücken gedreht wird. Erst dann das klein geschnittene Wurzelwerk auf der einen Seite, die restlichen Kartoffel- und Zwiebelwürfel auf der anderen Seite verteilen. Zugleich die Hitze auf 150 °C (Heißluft; 170 °C Unter-/Oberhitze) herunterschalten. Nach weiteren 10 Minuten, sobald das Gemüse angeröstet ist, mit Weißwein und mit Brühe ablöschen.

5 Die Ente in der nachlassenden Hitze weitere 90 Minuten langsam braten, dabei ab und zu mit dem Bratenjus beschöpfen. Sollte der zu sehr einkochen, mit einem Schuss Wasser oder Brühe verdünnen.

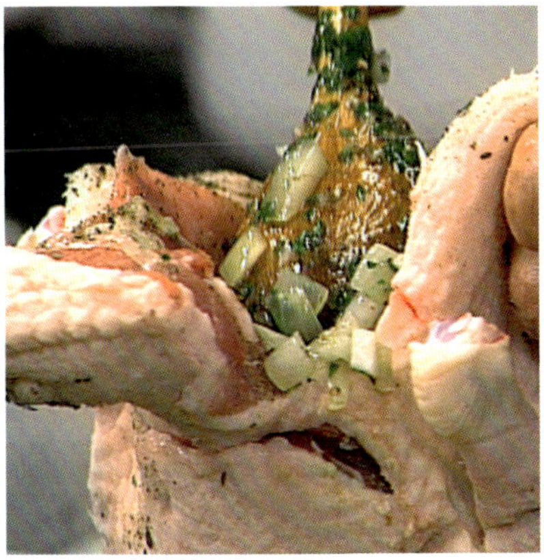

6 Apfelessig, Sojasauce und Zucker verrühren und am Ende der Garzeit die Ente damit bepinseln, das macht die Haut besonders knusprig. Ob die Ente gar ist, erkennen Sie, wenn Sie an der Keule mit einem Stäbchen ins Fleisch pieken: läuft klarer Saft heraus, ist die Ente fertig. Ist der Saft noch blutig, braucht sie noch eine gewisse Zeit.
Der Trick, wenn Sie sich in der Zeit verschätzt haben oder die Ente nicht sofort auf den Tisch kommen kann (weil die Gäste später eingetroffen sind oder sich die Vorspeise länger hingezogen hat): Die Temperatur auf 100 °C herunterschalten. 10 Minuten, bevor serviert werden soll, die Ente dann rundum mit Apfelessig-Sojasauce-Lösung bepinseln und die Hitze nochmals auf stärkste Stufe schalten.

7 In der Zwischenzeit können Sie in aller Ruhe die Sauce zubereiten: Den gesamten Saft mitsamt dem Wurzelgemüse aus der Bratenform in eine Kasserolle umfüllen. Kurz stehen lassen, bis sich das Fett oben sammelt. Vorsichtig abgießen oder sogar mit einer so genannten Fett-Mager-Terrine vom Fleischjus trennen. Jus einkochen, wenn noch zuviel Flüssigkeit vorhanden ist, dann mit dem Pürierstab alles aufmixen, bis das Gemüse zerkleinert und die Sauce schön cremig geworden ist. Einen Löffel Quittenkonfitüre unterrühren und die Sauce schließlich abschmecken: Mit Salz und Pfeffer, einem Hauch Cayennepfeffer und einem guten Spritzer Balsamico oder Zitronensaft.

ZUTATEN

Für vier Personen:

1,2 kg Rosenkohl
(möglichst kleine Röschen)
Salz
50 g durchwachsener Speck in dünnen Scheiben
50 g Haselnüsse
2-3 EL Butter
Salz, Pfeffer
Muskat

Rosenkohl mit Haselnüssen

Zugegeben, er macht ein bisschen Mühe, weil man jedes Röschen einzeln putzen muss, außerdem noch, damit sie schneller garen, am Stiel kreuzweise einschneiden sollte. Wem das zu lange dauert, der kann natürlich auch tiefgekühlten Rosenkohl verwenden. Aber frisch ist er eben besonders knackig und zart im Geschmack!

1 Die Röschen putzen, äußere, welke Blätter entfernen, den Stielansatz kappen und kreuzweise einschneiden. In reichlich gut gesalzenem Wasser zwei Minuten kochen, dann in eiskaltem Wasser abkühlen – diese Prozedur hilft, dass der Rosenkohl seine schöne grüne Farbe behält. (Man kann all das schon am Morgen erledigen. Dann braucht man den Rosenkohl kurz vor dem Servieren nur noch zu dem Speck und den Haselnüssen in die Pfanne zu geben und wenige Minuten durchwärmen.)

2 Den Speck in feine Streifen schneiden und in einer ausreichend großen Pfanne (sie soll alle Rosenkohlröschen fassen können) ausbraten, dabei zart bräunen. Dann die in Scheibchen gehobelten Haselnüsse zufügen und mitrösten.

3 Den abgetropften Rosenkohl zufügen, mit Salz, Pfeffer und Muskat würzen und zugedeckt einige Minuten schmurgeln lassen, bis sich alles gut verbunden hat.

4 Die Ente auf einer Platte servieren, Rosenkohl und die Sauce getrennt reichen.

5 Tranchieren: Erst die Keulen abtrennen, dann die Flügel mit einem Teil der Brust. Schließlich auch die Brüste auslösen und schräg in fingerdicke Scheiben schneiden. Jetzt kann sich jeder Gast sein Lieblingsstück aussuchen. Die Füllung wird mit einem Löffel aus dem Bauch geschabt und als Beilage serviert.

GETRÄNK

Zum Entenbraten gibt's natürlich einen kraftvollen Rotwein, zum Beispiel einen Barbaresco oder Barolo aus dem Piemont.

ZUTATEN

Für zwei Personen:

1 Paket französische Entenbrüste (weiblich! Schmecken besser als die von männlichen Tieren), ca. 450 g
2 altbackene Brezeln
ca. ⅛ l lauwarme Milch
1 kleine Zwiebel
1 EL Butter
2 Knoblauchzehen
Petersilie
1 kleine Chilischote
1 Ei
Salz, Pfeffer
Muskat
1 EL Öl
2 EL Apfelessig
1 TL Zucker
1 kleine Zwiebel oder Schalotte
¼ l Rotwein
1 gehäufter EL Orangenmarmelade

Gefüllte Entenbrust

Wer lieber seinen Braten von Knochen ungehindert in schöne Scheiben schneidet, für den haben wir das ultimative Rezept: ein saftiger Entenbraten, der aus dem schieren Brustfleisch besteht. Ideal für zwei Personen, die mit einer kompletten Ente ohnehin überfordert wären. Zusammengehalten wird der Braten mit einer Brezelfüllung, die zugleich eine schöne Beilage ist.

1 Die beiden Entenbrüste wenn nötig waschen und sehr gut abtrocknen. Die Hautseite jeweils mit einem scharfen Messer kreuzweise einritzen. Die Schnitte möglichst eng und parallel nebeneinander setzen, sodass ein hübsches und akkurates Schachbrettmuster entsteht.

2 Die Brezeln in zentimetergroße Würfel schneiden, mit der heißen Milch beträufeln und einweichen. Die Zwiebel sehr fein würfeln und in der heißen Butter andünsten (ruhig in der Mikrowelle), gehackten Knoblauch, Chilischote und zum Schluss auch die fein geschnittene Petersilie zufügen. Schließlich auch das Ei einarbeiten und die Masse kräftig mit Salz, Pfeffer und Muskat abschmecken – es ist im Prinzip die Masse für Brezenknödel, wie man sie in Bayern oder Schwaben liebt, und sie eignet sich übrigens auch zur Abwechslung mal als Füllung für die ganze Ente.

3 Eine Entenbrust wird auf der Innenseite fingerdick mit Knödelmasse belegt (den Rest beiseite stellen), mit der zweiten Brust abgedeckt und nun werden beide Hälften an ihrer Haut entlang mit Küchenzwirn und einer dicken Nadel rundum zusammengeheftet. So entsteht ein gleichmäßiges Bratenstück. In einer Pfanne in zunächst wenig Öl, dann im austretenden eigenen Fett langsam braten, bis die Haut schön kross wird.

4 Anschließend den Braten im Backofen bei 100 °C ruhen lassen, bis die Sauce fertig ist. Damit die Haut knusprig bleibt, wird sie mit Apfelessig, verrührt mit etwas Zucker, eingepinselt und unmittelbar vor dem Servieren kurz noch einmal unter dem Grill gebräunt.

5 Falls sehr viel Fett ausgetreten sein sollte, es vorsichtig abgießen (aufheben – gut für Bratkartoffeln oder herzhafte Wintergemüse!), im verbliebenen Fett für die Sauce etwas gehackte Zwiebel weich dünsten, nach und nach, sozusagen schlückchenweise Rotwein angießen und immer wieder einkochen. Unter den dicklich gewordenen Fond die Orangenmarmelade rühren. Die Sauce nochmals abschmecken.

6 Die gefüllte Entenbrust in nicht zu dicke Scheiben schneiden und auf einer Platte anrichten. Die Sauce in einer Saucière dazureichen.

TIPP

Der gefüllte Entenbrustbraten schmeckt übrigens auch kalt. Dünn auf der Aufschnittmaschine aufgeschnitten und mit Petersilienöl beträufelt – dafür ein Händchen voll Petersilienblätter mit einer Tasse Olivenöl pürieren.

BEILAGEN

Aus der restlichen Brezelmasse eine Rolle formen, sie in ein mit Butter bestrichenes Stück Alufolie wickeln und entweder neben den Braten im Backofen oder in Salzwasser gar ziehen lassen (ca. 20 Minuten). Außerdem passt dazu ein Möhrengemüse, kräftig mit Chili und Zitronensaft abgeschmeckt.

GETRÄNK

Ein eleganter Spätburgunder aus Deutschland, zum Beispiel von der Aar.

Enten-Confit (Eingemachtes Entenfleisch)

Entenkeulen kann man auch einzeln kaufen, im eigenen Fett geschmort schmecken sie wunderbar. In ihr eigenes Fett eingebettet, kann man sie als Confit auch im Einmachglas oder Vorratstopf aufbewahren (solange keine Luft dran kommt, bleibt das Fleisch frisch, siehe Tipp). Später werden die Entenkeulen entweder kalt zum Abendbrot gegessen oder einfach im Ofen gebraten, bis die Haut wieder knusprig ist. Oder auf einem Bett von weißen Bohnen serviert. Das ist dann das berühmte Cassoulet, wie man es in Frankreich schätzt und das wir mit dem nächsten Rezept vorstellen: ein wunderbares Essen für kalte Herbst- und Wintertage.

ZUTATEN

Für ca. vier Personen:

4 Entenkeulen
1 Möhre
1 Lauchstange
¼ Sellerieknolle
1 Kräutersträußchen aus Thymian, Petersilienstielen und Lorbeerblatt
Knoblauch (nach Gusto von 1 Zehe bis zu einer ganzen Knolle)
Salz
1 EL Pfefferkörner
1 TL Pimentbeeren
ca. 400 g Schweine-, Enten- oder Gänseschmalz

1 Die Entenkeulen dicht in einen möglichst genau bemessenen Topf setzen, das gewürfelte Wurzelgemüse, das Kräutersträußchen, Knoblauch und die Gewürze drumherum streuen. Das Fett zufügen, alles erhitzen, bis es schmilzt. Den Deckel auf den Topf legen und bei nunmehr sehr kleiner Hitze oder bei 120 °C (Heißluft; 140 bis 150 °C Ober-/Unterhitze) im Backofen zwei bis drei Stunden im eigenen Fett leise sieden, bis das Fleisch zart und weich ist.

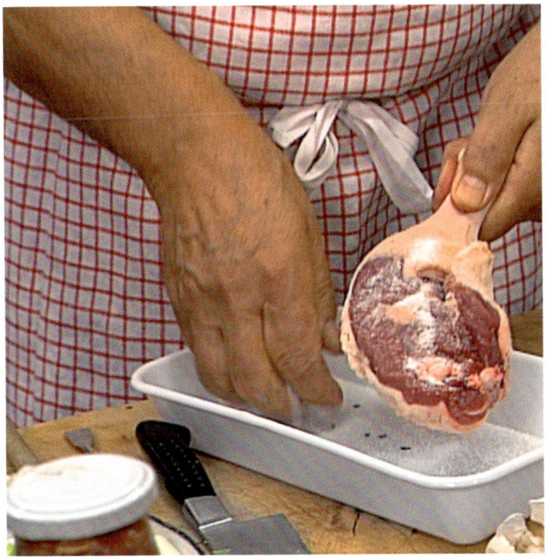

2 Die Entenkeulen langsam abkühlen lassen. Herausfischen, in ein breites Einmachglas oder einen Schmalztopf schichten. Mit dem durchgesiebten Entenfett bedecken. Zum Aufbewahren kalt stellen.

TIPP

Ein solches Enten-Confit ist auch ein schönes Geschenk: Von der Fettschicht vollständig bedeckt hält es sich im Kühlschrank länger als einen Monat (sofern man es nicht längst vorher aufgegessen hat).

Und: Für den herzhaften Bohnentopf, das Cassoulet (siehe nächste Seite), den Topf warm werden lassen, bis das Fett schmilzt, dann kann man die unter ihrem Fett vergrabenen Entenkeulen herausnehmen und auf den Bohnen erwärmen.

ZUTATEN

Für vier bis sechs Personen:

500 g weiße Bohnenkernen (man kann auch mit braunen Bohnen, grünen Bohnenkernen oder Wachtelbohnen variieren)
6-7 Knoblauchzehen
Salz
1-2 Zwiebeln
3 EL Entenfett
2 EL Tomatenmark
1 Flasche Tomatensaft (oder Brühe)
1 EL Majoran
1 Stück Zitronenschale
Pfeffer

Cassoulet

1 Für dieses Gericht sollte man die Bohnenkerne selber kochen, statt die aus der Dose zu nehmen, sie schmecken einfach besser! Am Vortag einweichen, anderntags abgießen, einige der Knoblauchzehen zufügen, salzen und mit frischem Wasser großzügig bedecken. Ohne Deckel aufwallen lassen, dann die Hitze herunterschalten und bei kleinster Hitze jetzt zugedeckt in eineinhalb bis zwei Stunden weich kochen. Übrigens: Es ist ein Missverständnis, dass Bohnenkerne „Biss“ haben sollen. Sie müssen sich zwischen Gaumen und Zunge leicht und angenehm zerdrücken lassen, dann sind sie richtig.

2 Für das Cassoulet fein gewürfelte Zwiebel in Entenfett andünsten, den restlichen gehackten Knoblauch hinzufügen und mit Tomatenmark anrösten. Die Bohnen dazugeben, dann soviel Tomatensaft oder Brühe, bis alles knapp bedeckt ist. Mit Majoran und Zitronenschale würzen und bei milder Hitze leise köcheln, bis sich alles innig verbunden hat.

3 Die Entenkeulen obenauf legen und sanft durchwärmen lassen.

BEILAGE

Dazu schmecken kleine, geröstete, eventuell sogar glasierte Kartoffen.

GETRÄNK

Ein herzhafter Weißwein, zum Beispiel ein Elsässer oder Pfälzer Riesling. Oder natürlich, das wäre klassisch, ein Rotwein aus dem Südwesten Frankreichs, wo das Confit überhaupt erfunden wurde.

Enten-Rillettes

Aus den confierten, also eingemachten Keulen lässt sich ein fabelhafter Aufstrich herstellen, Rillettes sagt man in Frankreich dazu. Besonders köstlich auf geröstetem Brot.

Die Zubereitung ist zunächst dieselbe wie beim Enten-Confit: Die Keulen werden mit dem Wurzelgemüse aufgesetzt und langsam gar geschmurgelt. Ruhig ein bisschen länger, denn das Fleisch soll geradezu vom Knochen fallen. Anschließend den Kräuterstrauß herausfischen und wegwerfen, das Gemüse mit dem absolut weichen, vom Knochen gelösten Entenfleisch innig zerdrücken und mit einem Messer hackend vermischen, dabei gut abschmecken. Bitte nicht mit dem Mixer oder Pürierstab arbeiten, sonst werden die Zutaten zu fein zermust: Es sollten Stückchen spürbar bleiben.

Die Rilletes in einen Steinguttopf oder eine hübsche Terrinenform füllen, mit Entenfett bedecken und kalt stellen. Solange diese schützende Schicht darüber geschlossen ist, hält die Rillettes im Kühlschrank wochenlang. Wenn man etwas entnommen und deshalb die obere Fettschicht durchbrochen hat, den Topf am besten solange in die Mikrowelle oder in den Ofen stellen, bis das Schmalz wieder geschmolzen ist und alles gleichmäßig bedeckt.

SERVIEREN

Auf Crostini streichen und zum Aperitif (etwa einem Glas Winzersekt oder einem frischen, jungen Rotwein, z.B. ein Zweigelt aus dem Burgenland) reichen.

Kochen zum Verschenken

Tomatensugo
Für Pasta
2005
Zwiebel-
Konfitüre
Martina & Moritz

Kochen zum Verschenken: Geschenke, die man nicht kaufen kann

Jedes Jahr, wenn Weihnachten naht, stellt sich erneut die Frage: Was schenke ich wem? Vor allem für denjenigen, der ohnehin schon alles hat, soll es am liebsten etwas Besonderes, ganz Persönliches sein. Wir haben ein paar Vorschläge für Geschenke, die man in dieser Form gewiss nicht kaufen kann. So hat man gleich zweifach etwas vom Schenken: erstens das Vergnügen beim Zubereiten (Kochen macht Spaß!) und dann die Freude, etwas Außergewöhnliches zu schenken. Wir liefern ganz unterschiedliche Vorschläge, abgestuft nach Schwierigkeit: von ganz einfach (und trotzdem natürlich pfiffig), was auch denen gelingt, die keine Weltmeister in der Küche sind, bis zu Aufwendigerem für Erfahrene und Anspruchsvolle. Fortgeschrittene wagen sich vielleicht an eine herzhafte Hausmacher-Leberwurst.

Auf die Verpackung kommt es an!

Wenn man sich schon so viel Mühe mit der Herstellung macht, dann sollte das Produkt natürlich nicht lieblos überreicht werden. Hier sind Fantasie und Kreativität gefragt. Schöne Gläser, Tiegel, Flaschen, in die man die hausgemachten Delikatessen verpackt. Da kann man schon das ganze Jahr über planen, zum Beispiel auf Flohmärkten Ausschau halten und schöne Gegenstände zusammentragen. Man kann ausgediente Marmeladengläser sammeln oder formschöne Flaschen rechtzeitig beiseite tun. Hübsche Etiketten kann man kaufen oder mit der Hand (oder dem Computer) attraktiv gestalten.

Hausgemachte Leberwurst

Nachdem wir einmal in einer Sendung in einem Nebensatz erzählt haben, dass die dort verwendete Leberwurst selbst gemacht war, wurden wir bestürmt, doch das Rezept zu verraten. Tatsächlich ist gar nicht so schwierig:

1 Den Schweinebauch mit Wasser bedeckt zum Kochen bringen (pro Liter einen guten EL Salz nehmen), Lorbeer und Pfefferkörner zufügen. Nach dem Aufwallen die Temperatur herunterschalten, den Deckel auflegen und das Fleisch etwa eine gute Stunde leise unterhalb des Siedepunkts gar ziehen lassen.

2 Die geschälten Zwiebeln fein würfeln sowie die Knoblauchzehen fein hacken, beides im Schmalz weich dünsten, jedoch nicht bräunen.

3 Die Leber häuten, grobe Sehnen entfernen, das ganze Stück für etwa fünf Minuten in das leise wallende Kochwasser tauchen, nicht wirklich durchgaren lassen. Am Ende die zusätzlichen 350 g Zwiebeln und den Majoran, auch den in Streifen geschnittenen rohen Rückenspeck, durch den Wolf drehen. Alles mischen und sehr herzhaft abschmecken.

ZUTATEN

Für 8–10 Gläser à ca. 300 g:

1,5 kg Schweinebauch
Salz
4 Lorbeerblätter
1 gehäufter EL Pfefferkörner
3-4 Zwiebeln
3-5 Knoblauchzehen
100 g Schmalz
ca. 1 bis 1,5 kg Schweineleber
1,5 kg Rückenspeck
350 g Zwiebeln
2 gehäufte EL getrockneter Majoran

Gewürzmischung:
6 Pimentbeeren,
3 Wacholderbeeren,
1 TL Senfkörnersaat,
1 getrocknete Chilischote,
1 gehäufter TL Zucker,
50 g Salz,
1 TL Pfefferbeeren,
2 Kardamomkapseln

4 Für die Gewürzmischung die Gewürze in einer trockenen Pfanne rösten, bis sie duften und in der Pfanne springen. Dann im elektrischen Zerhacker zu feinem Pulver zermahlen. Man muss sehr herzhaft abschmecken, weil die Leberwurst im abgekühlten Zustand verspeist wird und bis dahin an Intensität verliert. Wem es unangenehm ist, die rohe Masse zu probieren, kann einen Löffel voll im Kochsud oder in der Mikrowelle garen.

5 Schließlich die dickflüssige Masse in Gläser mit Schraub- oder Schnappverschluss füllen. Entweder im Einmachtopf sterilisieren: bei 100 °C je nach Größe der Gläser zwischen 40 und 60 Minuten. Oder im Wasserbad in der tiefen Fettpfanne des Backofens, bei 150 °C. Im Einmachtopf oder im Backofen auskühlen lassen. Die Gläser mit heißem Wasser sauber wischen. Jetzt ist die Leberwurst problemlos ein Jahr haltbar, ohne sie kühl halten zu müssen.

TIPP ZUM VERSCHENKEN

Vielleicht ein gutes Bauernbrot dazu, eventuell sogar mit einem schönen Brotmesser oder in einem Brotkörbchen, das mit einem hübschen Tuch ausgelegt ist.

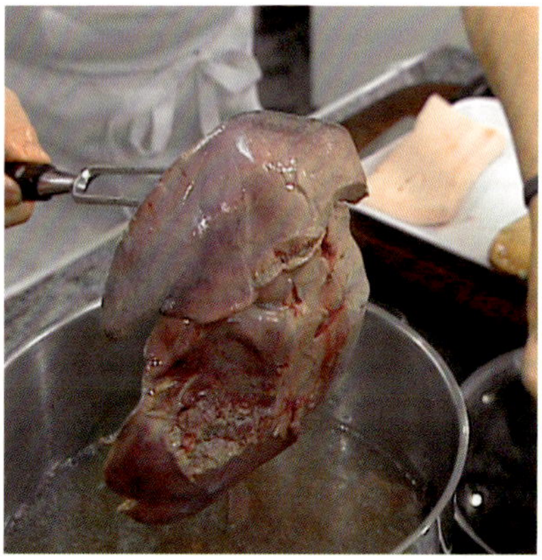

TIPP

Von der Gewürzmischung eine größere Menge herstellen, in kleine Schraubgläser füllen und verschenken. Am besten Gläser aus dunklem Glas nehmen – darin bleiben die Gewürze vor Licht geschützt und länger frisch.

Einen Anhänger mit Vorschlägen befestigen: Gewürz für jede Art von Fleisch, für Pasteten und Terrinen oder auch einfach für Buletten!

Würzöle und Kräuteressig

Die Idee für alle, die keine große Lust haben, sich lange in die Küche zu stellen und trotzdem Hausgemachtes verschenken wollen. Das würzige Öl macht wirklich kaum Mühe: Zunächst wird ein intensives Konzentrat hergestellt, indem man Chilis oder andere Gewürze in etwas erstklassigem Öl erhitzt und dann mazerieren (also durchziehen) lässt. Dabei ist wichtig, dass die Gewürze absolut trocken sind, sonst schimmelt es. Erst wenn dieser Ansatz intensiv genug ist, wird mit frischem Olivenöll aufgefüllt (wichtig, weil das rohe Öl natürlich wertvoller und besser ist als erhitztes!)
Bei Essigen kann man mit frischen Kräutern arbeiten. Das sieht auch schöner aus, außerdem geben sie so ihr Aroma besser ab.

TIPP

Gerade bei dieser Art Geschenke ist die Verpackung besonders wichtig: schöne Flaschen, Karaffen, Behälter, an denen man auch später, wenn sie leer sind, noch lange Freude hat. Oder die man immer wieder gern auffüllt.

Chili- oder Pfefferöl

Man kann die Gewürze pur verwenden – das reine Chiliöl bekommt eine herrliche rote Farbe, während das Pfefferöl sich farblich kaum verändert – oder auch eine Mischung verwenden. Das kräftige, scharfe Öl ist fabelhaft zum Nachwürzen von Steaks bei Tisch, passt zu Lammkoteletts oder schmeckt einfach über Pellkartoffeln.

ZUTATEN

Für 4-8 Flakons
à 0,1 – 0,2 l Inhalt:

1-2 Tassen getrocknete Chilis
oder 1 Tasse weiße und schwarze Pfefferbeeren
800 ml gutes Olivenöl

CHILIÖL

Die Chilis entstielen und grob zerbröseln – pro Flasche ein bis zwei schöne Exemplare beiseite legen. In einem kleinen Topf mit Öl knapp bedecken, langsam erhitzen und etwa 20 Minuten bei milder Hitze leise ziehen lassen. Dann durchfiltern. In saubere, absolut trockene Flaschen verteilen, jeweils eine bis zwei Chilis als Dekoration in die Flasche geben. Mit frischem Öl auffüllen. Die Flaschen gut verkorken oder mit dem Schraubverschluss verschließen. Dunkel aufbewahren.

PFEFFERÖL

Die Pfefferbeeren mit einem Fleischklopfer behutsam zerdrücken, ebenfalls mit etwas Öl bedecken und erhitzen. Ziehen lassen, damit der Pfeffer sein Aroma abgibt, erst dann in die Flakons verteilen und mit weiterem Öl auffüllen. Den Pfeffer abzufiltern ist nicht nötig.

FRISCHES KRÄUTERÖL

Dafür eignen sich die vielfältigsten Kräuter: Frische Lorbeerblätter, Lavendel (nicht zu viel, sonst übertönt sein Geschmack die anderen Kräuter zu sehr), Rosmarin, Salbei, Knoblauch, Bergbohnenkraut, frische Chilis, Eisenkraut, Thymian. Die Kräuter müssen sauber und absolut trocken sein – wenn man sie gewaschen hat, nicht nur abtrocknen, sondern an der Luft richtig trocken werden lassen. Erst dann in die Fläschchen stecken und mit gutem Olivenöl auffüllen.

KRÄUTERESSIG

Passt zu allen mediterranen Salaten, zu südlich gewürzten Gemüsezubereitungen.

Im Unterschied zum Öl ist es besser, die Kräuter stets solo mit Essig aufzugießen: Entweder also Rosmarin oder Lorbeer oder Estragon in die Flasche zu stecken und mit Essig aufzufüllen. Die Kräuter müssen auch nicht entfernt werden, wenn sie dem Essig ihren Duft mitgeteilt haben, sondern können in der Flasche bleiben. Zum Auffüllen nimmt man entweder einen guten Weinessig (lieber Weißwein- statt Rotweinessig, das gibt die schönere Farbe!) oder einen milden Apfelessig. Als Kraut empfiehlt sich alles, was kräftig duftet und Saison hat.

Orangen- und Zitronensalz

Damit kann man auch verwöhnte Gourmets überraschen: nach Orangen oder Zitronen duftendes Würzsalz, mit dem man Fisch, Fleisch, das Frühstücksrührei oder auch Pellkartoffeln würzen kann. Am besten sind jene Zitronen oder Orangen geeignet, deren matte Schale zeigt, dass sie tatsächlich unbehandelt sind – glänzende Früchte sind immer irgendwie besprüht oder behandelt, damit sie länger frisch bleiben.
Die Schale mit einer guten Reibe über Alufolie abreiben, dort mit Salz vermischen (auf die Schale einer Zitrone oder Orange etwa 100 g Salz rechnen) und etwas ausbreiten, sodass die Schicht nicht allzu dick ist. Ein, zwei Tage zum Trocknen beiseite stellen. Dann das Salz mit der inzwischen trockenen Schale (Salz entzieht Feuchtigkeit besonders rasch und gleichmäßig) im Zerhacker pulverisieren.
Das Orangen- oder Zitronensalz in hübsche Schraubgläser füllen und mit einem schön beschrifteten Etikett versehen. Eventuell sogar ein Rezept dazu schenken (etwa: Gedämpftes Fischfilet mit Zitronenduft auf zitronenwürzigem Kartoffelpüree …).

TIPP

Das Gleiche lässt sich für Leckermäuler natürlich auch in süßer Variante herstellen: Orangen- oder Zitronenzucker! Man verwendet ihn zum Süßen und Würzen von Desserts und Bäckereien.

Sugo für die Pasta

Damit kann man jeden Pasta-Fan glücklich machen: einen kleinen Vorrat an gut gewürzter Pastasauce im Glas, dazu vielleicht noch eine Auswahl erstklassiger Nudeln, eventuell sogar der Super-Pasta-Kochtopf, den sich der Beschenkte schon so lange gewünscht hat … Die Sauce wird mit Liebe und guten Zutaten gekocht – aus Tomaten (aus der Dose), viel Knoblauch, Kräutern, in schöne Gläser gefüllt, sterilisiert und natürlich vor dem Verschenken hübsch beschriftet …

ZUTATEN

Für 10 Gläser à 250 g Inhalt:

3-4 Zwiebeln
2 Knoblauchknollen
6 EL Olivenöl extra vergine
100 g durchwachsener Speck
1 dickes Bund glattblättrige Petersilie
2-3 getrocknete Chilischoten
2 große Dosen geschälte Tomaten
1 gehäufter EL Oregano
Pfeffer, Salz
Zucker

1 Zwiebeln und Knoblauch fein würfeln, im heißen Olivenöl andünsten, dabei den sehr fein gewürfelten Speck, die fein gehackte Petersilie sowie die Chilischoten zufügen, nur für Schärfeliebhaber zerkrümelt, sonst lieber im Ganzen. Gründlich schwenken und durchschmurgeln lassen, dann erst mit den Tomaten aus der Dose samt Saft ablöschen. Oregano zwischen den Fingerspitzen zerkrümeln und zufügen. Die Sauce etwa eine halbe Stunde leise köcheln. Mit Salz und Pfeffer sowie einer kräftigen Prise Zucker abschmecken.

2 In Portionsgläser füllen: für Singles genügen 100- oder 200-Gramm-Gläser, für Familien entsprechend größere Gläser wählen.

TIPP ZUM VERSCHENKEN

Dazu eine Auswahl pfiffiger Pasta mitliefern!

Zwiebelkonfitüre

Wer's lieber herzhaft mag, wird hiermit glücklich sein: Scharf und fruchtig schmecken diese Würzsaucen aus Äpfeln, Zwiebeln oder auch Kürbis. Sie passen als Sauce zum Fondue (eventuell das Rezept dazu verschenken), zu Leberwurst, zum Kotelett oder einfach zum Wiener Würstchen.

ZUTATEN

Für 4-6 Gläser à 250 g:

1 kg weiße Zwiebeln
600 g Zucker
3 grüne Kardamomkapseln
1 EL Pfefferkörner
8 Pimentbeeren
1 gehäufter TL gelbe Senfkörner
3-6 getrocknete Chilischoten
Schale und Saft einer Zitrone
1/8 l Essig
evtl. Lorbeerblätter

1 Die Zwiebeln schälen und in dünne Ringe hobeln. Mit dem Zucker vermischen, kurz Saft ziehen lassen. Dann aufkochen. Die Gewürze (Kardamomkernchen zuvor aus der Kapsel lösen), den Saft und die Zitronenschale am Stück sowie den Essig zufügen. Langsam etwa eine halbe Stunde köcheln lassen, bis der entstandene Saft eingekocht ist. Dabei immer wieder rühren, damit nichts ansetzt.

2 Die Zwiebelkonfitüre heiß in Gläser füllen, dabei die Gewürze gleichmäßig verteilen – die Zitronenschale jedoch herausfischen und wegwerfen. Nach Belieben ein frisches Lorbeerblatt ins Glas stecken – sieht nicht nur hübsch aus, sondern verleiht auch noch Geschmack. Man kann, muss die Gläser aber nicht sterilisieren.

VARIANTE

Die Hälfte der Zwiebeln durch Äpfel oder Kürbisfleisch ersetzen – dann aber vor dem Kochen noch kräftig mit Chili (in getrockneter oder frischer Form, mit oder ohne Kerne) würzen – und nehmen Sie eine beherzte Menge: zwischen zwei und sechs, bis zu zehn Stück, je nach Größe und Konzentration.

Ein Festliches Menü

Ein festliches Menü: Drei Gänge unterm Weihnachtsbaum

Alljährlich steht man vor demselben Problem: Das Weihnachtsmenü soll festlich sein, ordentlich Eindruck, aber bitte nicht so schrecklich viel Mühe machen. Und dann empfiehlt es sich ohnehin nicht, angesichts der garantiert übervollen Geschäfte am letzten Einkaufstag vor den Feiertagen, ein Menü zu planen, für das man im letzten Moment noch frische Zutaten besorgen muss. Gut also, wenn man vieles schon am Tag vorher zubereiten kann.
Das Hauptgericht: Ein stattlicher Burgunderschmorbraten, der auf der Zunge zergeht. Dazu Beilagen, die nicht alltäglich sind, nämlich Kartoffelgnocchi, Lauchgemüse und als Farbklecks Rote Bete mit Orangenduft. Zuvor servieren wir eine leuchtend grüne Cremesuppe mit knusprigen Speckstreifchen aus ... lassen Sie Ihre Gäste raten: Es kommt keiner drauf. Aus Feldsalat! Und als Nachtisch ein verführerisches Apfel-Tiramisu, das leicht und erfrischend ist.

Zur richtigen Organisation beginnen wir mit dem

Burgunderschmorbraten

Wenn man das richtige Fleisch nimmt, einen anständigen Wein und überhaupt die nötige Sorgfalt walten lässt, dann ist ein solcher Burgunderbraten etwas ganz Besonderes. Man sollte ihn sogar schon am Vortag zubereiten. Es tut ihm nämlich gut, wenn er einmal abgekühlt war. Dann sind die Fasern fest und stabil geworden und man kann das Fleischstück viel leichter (sogar mit der Aufschnittmaschine) in akkurate Scheiben schneiden. Zum Aufwärmen legt man die Scheiben als Stapel in die heiße Sauce und lässt sie gut durchziehen, bevor sie auf der Platte oder dem Teller angerichtet werden.
Fürs Schmoren sollte das Bratenstück eine geschlossene Form haben, aber auf keinen Fall zu mager sein – mit etwas Fett umhüllt oder sogar von Sehnen durchwachsen, gerät er wunderbar saftig. Deshalb ist die Schulternaht ideal, mit der charakteristischen gallertigen Naht in der Mitte. Gut geeignet ist auch ein Stück von der Hüfte (zum Beispiel das

Stück unterhalb vom Tafelspitz). Durchwachsene Stücke vertragen langes Schmoren einfach besser. Auf keinen Fall ist ein Filet oder das Roastbeef geeignet, also Stücke, die in letzter Minute perfekt gebraten sein wollen. Auch das so genannte Falsche Filet ist zu mager, um einen guten Schmorbraten abzugeben.
Wichtig ist darüber hinaus, ein großes Stück Fleisch zu wählen, selbst wenn es nicht während des Festessens aufgegessen werden kann. Je größer ein Braten, desto besser lässt er sich schmoren, das Fleisch bleibt saftiger. Außerdem: Das Fleisch schmeckt auch kalt wunderbar!

1 Das Fleisch mit Küchenpapier sauber wischen, wenn nötig in Form binden. Pfeffer, Piment, Chili und Korianderbeeren in der trockenen Pfanne rösten, bis die Körner springen und es duftet, dann mit Salz und Zucker im elektrischen Zerhacker (oder im Mörser) zermahlen. Das Fleisch damit rundum einreiben, dazu die Hände mit einem Löffel Öl anfeuchten, damit das Gewürz am Fleisch gut haftet. Marinieren, bis die übrigen Vorbereitungen erledigt sind.

2 Den Speck in feine Streifen schneiden. Möhre, Sellerie und Lauch putzen, ebenfalls klein würfeln. Nur schöne Teile vom Lauch verwenden – die äußeren Blätter mit dem Grün vom Sellerie und Petersilienstielen zu einem Päckchen zusammenschnüren und später auf den Braten legen, bevor der Topf mit einem Deckel verschlossen wird: Das dient als Schutz vor zu viel Oberhitze und gibt obendrein Geschmack!

ZUTATEN

Für sechs Personen:

1 schönes Bratenstück
von 2-3 kg (siehe oben)

Gewürzmischung:
1 EL Pfefferkörner,
6 Pimentkörner,
1 getrocknete Chilischote,
1 TL Korianderbeeren
1 EL Salz
½ TL Zucker

3 EL Olivenöl
100 g fetter Speck
1 Möhre
¼ Sellerieknolle oder
2 Stängel Bleichsellerie
1 Lauchstange
1 große Zwiebel
2 Knoblauchzehen
1 Sternanis
1 gehäufter EL Tomatenmark
2-4 getrocknete Aprikosen
(oder Pflaumen)
1 Handvoll getrocknete
Steinpilze
1 Flasche Rotwein (siehe „Tipp“
auf der nächsten Seite)
1 Kräutersträußchen aus
2-3 Lorbeerblättern,
3-4 Thymianzweigen,
3 Petersilienstängeln
Salz, Pfeffer zum Abschmecken
30-50 g Butter

TIPP

Der Rotwein sollte fruchtig sein, nicht zu tanninhaltig, ein junger Beaujolais etwa oder ein Valpolicella, ein Dole aus der Schweiz oder ein einfacher Burgunder aus Burgund – jedenfalls bitte kein Wein, den Sie nicht auch trinken würden! Was man nicht in die Sauce reintut, kann auch später nicht herauskommen …

Das Bündel wird später wie das Kräutersträußchen entfernt und weggeworfen. Auch die Zwiebel fein hacken und den Knoblauch zerquetschen.

3 Im Bräter die Speckstreifen auslassen, das restliche Öl dazugießen, das Fleisch darin langsam und sorgfältig anbraten. Erst, wenn es rundum eine geschlossene, gut gebräunte Kruste zeigt, Sternanis, Zwiebel, Knoblauch und das klein geschnittene Wurzelwerk zufügen und anrösten, auch einen Löffel Tomatenmark (für Farbe und Geschmack!). Die getrockneten Aprikosen/Pflaumen, die Steinpilze und das Kräutersträußchen in den Topf legen und nun den Rotwein angießen.

4 Aufkochen, den Deckel auflegen und den Braten bei ca. 120 bis 140 °C (Heißluft; Ober-/Unterhitze 160 °C) drei bis vier Stunden leise schmoren. Wie gesagt, das lässt sich gut bereits am Vortag erledigen. Den Braten in diesem Fall abkühlen lassen und kalt stellen.

DIE BRATENSAUCE

Die Sauce kann man jetzt ebenfalls schon nahezu fertigstellen: Das Kräutersträußchen, den Sternanis und das Gemüsebündel aus dem Bräter herausfischen und wegwerfen. Den Saucenfond mitsamt dem gewürfelten Wurzelgemüse (wenn Sie die Sauce dünner haben wollen, nur einen Teil davon nehmen!) mit dem Pürierstab glatt mixen. Unmittelbar vor dem Servieren aufkochen, mit dem Mixstab nochmals aufmixen, gut abschmecken und ein Stück Butter unterrühren, damit die Sauce glänzt.

Rote-Bete-Gemüse

Auch das kann man bereits am Vortag zubereiten, es wird vor dem Servieren nur noch kurz in der Mikrowelle oder im Topf bei milder Hitze erwärmt, erst dann den Dill unterrühren.

1 Die Rote Bete dünn schälen, Wurzel- und Blattansatz entfernen. Die Knollen in möglichst akkurate Würfel schneiden, damit sie gleichmäßig garen. In der heißen Butter sanft andünsten, salzen und die im Mörser zerriebenen Gewürze zufügen. Die Orangenschale hineinreiben. Saft auspressen und gerade so viel zu der Roten Bete geben, dass sie im Topf nicht ansetzt, sie darf nicht darin schwimmen! Bei ganz kleiner Hitze zugedeckt sanft gar dünsten. Ab und zu überprüfen und Orangensaft nachgießen. Er soll zu einem dicken Sirup einkochen. Mit Balsamico abschmecken.

2 Vor der Mahlzeit: Bei kleiner Hitze schwenken, bis das Gemüse durch und durch warm ist, eventuell noch einen Spritzer Orangensaft zufügen. Nochmals mit Balsamico abschmecken und erst jetzt den Dill einrühren!

ZUTATEN

Für sechs Personen:

2-4 Rote-Bete-Knollen (nach Größe, insgesamt ca. 500 g)
2 EL Butter
Salz
½ TL Pfeffer- und Pimentbeeren
1 Orange
Balsamico
Dill

TIPP

Oder mit Orangensalz würzen (s. Seite 193)

ZUTATEN

Für sechs Personen:

650 g mehlige Kartoffeln
150 g Mehl
1 Ei
Salz

Zum Schwenken:
ca. 100 ml Sahne
3 gehäufte EL geriebener Parmesan oder Grana

Kartoffelgnocchi

Der Kartoffelteig lässt sich ebenfalls schon lange vor dem Essen herstellen, auch die Gnocchi kann man bereits formen und auf einem mit Mehl bestäubten Tablett beiseite stellen. Kurz vor dem Servieren gibt man sie in kochendes Salzwasser: wenn das Wasser erneut aufwallt, noch zwei Minuten ziehen lassen, dann schwimmen sie an der Oberfläche und sind gar. Mit einer Schaumkelle herausheben, sofort in einem bereitstehenden Topf in etwas Sahne und geriebenem Käse schwenken – so kleben sie nicht zusammen, sind schmelzend zart und ein großer Genuss!

1 Kartoffeln in der Schale gar kochen, pellen, durch eine Presse auf die Arbeitsfläche drücken. Ausbreiten, damit sie ein wenig ausdampfen. Das Mehl darauf verteilen, das Ei und das Salz zufügen. Mit den Fingerspitzen rasch einen Teig kneten und Rollen mit dem Durchmesser eines Ein-Euro-Stücks formen. Zentimeterdicke Scheiben abschneiden, über den Gabelrücken drücken, der Rillen auf den Gnocchi hinterlässt.

2 Mit Mehl bestäuben, damit die Gnocchi nicht aneinander kleben. In reichlich Salzwasser geben (einen möglichst breiten Topf nehmen). Die Gnocchi sind gar, wenn sie nach ca. zwei Minuten kochen an der Oberfläche schwimmen. Mit einer Schaumkelle herausfischen und in die bereitstehende Schüssel mit Sahne und Käse füllen. Durchschwenken, schütteln, bis die Gnocchi von einer cremigen Sauce überzogen sind. Sofort zu Tisch bringen!

Lauchgemüse

Auch aus farblichen Gründen passt das Gemüse gut. Die Stangen putzen, schräg in fingerbreite Streifen schneiden und in reichlich Salzwasser blanchieren, um sie schön leuchtend grün zu erhalten. Das lässt sich bereits lange vor dem Essen gut erledigen. Zum Servieren nur noch in Butter schwenken und würzen.

1 Den Lauch putzen, dicke, beschädigte oder gar welke Blätter entfernen. Die Stangen aufschlitzen und gründlich auswaschen. Schräg in feine Streifen schneiden. In Salzwasser blanchieren.

2 Vor der Mahlzeit: In einer Pfanne die Butter aufschäumen lassen, Cayenne und Zucker darin rösten, auch die abgeriebene Zitronenschale zufügen. Dann sofort den Lauch in die Pfanne geben, gründlich schwenken, dabei mit Salz, Pfeffer und Muskat würzen.

SO WIRD DER HAUPTGANG ZU TISCH GEBRACHT:

Den Braten in dünne Scheiben schneiden, dachziegelartig möglichst flach in den Bräter legen und mit der heißen Sauce übergießen. Behutsam erwärmen, schließlich auf einer vorgewärmten Platte anrichten und mit etwas Sauce überziehen. Die restliche Sauce getrennt dazu servieren. Den gedünsteten Lauch, die in Sahne geschwenkten Gnocchi und das Rote-Bete-Gemüse auf einer großen Platte anrichten – schön nach Farben sortiert – und dazureichen.

GETRÄNK

Hier braucht man natürlich einen vollmundigen Rotwein, schließlich ist Weihnachten, da darf es etwas Besonderes sein, zum Beispiel ein Burgunder aus Burgund (Pinot noir), aus Baden oder Franken, aus dem Rheingau, von der Ahr…

TIPP

Am nächsten Tag geht das Festessen weiter…
Was vom Braten übrig bleibt, wird anderntags in Streifen geschnitten, mit der restlichen Sauce erwärmt, dazu gute Pasta gekocht und tropfnass untergemischt. In Italien würde man das Pasta al sugo di manzo (Nudeln mit Rindfleischsauce) nennen.

Und sollte auch davon noch etwas übrig bleiben, dann wird daraus fürs nächste Abendessen noch eine fabelhafte Frittata: Mit Eiern vermischen, geriebenen Käse dazu und wie ein dickes Omelett in der Pfanne braten… Dazu ein Salat und alle sind glücklich!

ZUTATEN

Für sechs Personen:

2-3 schöne Lauchstangen
Salz
2-3 EL Butter
1 Prise Cayennepfeffer
1 Prise Zucker
etwas Zitronenschale
Pfeffer
Muskat

Cremesuppe vom Feldsalat

Auch sie kann fix und fertig im Kühlschrank warten – wichtig, damit sie ihre schöne Farbe behält und auch noch beim Servieren leuchtend grün aussieht: Sie darf erst unmittelbar bevor serviert werden soll mit Zitronensaft abgeschmeckt werden, sonst färbt sie sich grau …

1 Feldsalatröschen gründlich putzen und mehrmals waschen (ein paar davon als Dekoration zur Seite legen). In reichlich Salzwasser blanchieren, damit sie ihre schöne Farbe behalten. Grob hacken.

2 Zwiebel oder Schalotten fein würfeln, in der heißen Butter andünsten, gehackten Knoblauch zufügen, die Kartoffel dazureiben – gut für die Bindung! Alles mit Brühe knapp bedecken, salzen, pfeffern, etwas Muskat, die Zitronenschale und das Lorbeerblatt zufügen. Langsam weich kochen, schließlich pürieren – Zitronenschale eventuell vorher herausfischen.

3 Vor dem Servieren: Erst jetzt den gehackten Feldsalat zufügen und die gesamte Suppe mit dem Mixstab oder im Mixer glatt pürieren. Aufkochen, mit Sahne auffüllen, nochmals aufmixen und vor allem sehr gut abschmecken: etwas Zucker, Zitronensaft, nochmals Salz überprüfen …

4 Den Speck in feine Streifen schneiden und knusprig braten. Die Suppe in Tassen füllen und die Speckstreifen obenauf streuen.

ZUTATEN

Für sechs Personen:

250 g Feldsalat
1 dicke Zwiebel oder
2-3 Schalotten
2 EL Butter
2-3 Knoblauchzehen
1 mittelgroße Kartoffel
Salz, Pfeffer
Muskat
Zitronenschale
1 Lorbeerblatt
½ l Brühe
200 ml Sahne
1 Prise Zucker
1 Spritzer Zitronensaft
60 g durchwachsener Speck
in feinen Streifchen
Feldsalatröschen zum
Garnieren

GETRÄNK

Ein gehaltvoller Sherry.

ZUTATEN

Für sechs Personen:

1 Rolle Filoteig
1 Tasse Milch (oder halb Milch, halb Sahne)
1-2 EL Butter
2 EL Mohnsamen
Paprikapulver oder
2-3 EL geriebener Käse
oder 2-3 EL Tapenade (Olivencreme) oder Chilipüree etc.

Knusperstangen

Knusprige Teigstangen aus Filoteigblättern. Sie sehen hübsch aus und sind einfach gemacht. Und man kann sie mit unterschiedlichen Zutaten vielseitig abwandeln.

1 Den Teig aufrollen, die Blätter einzeln auf der Arbeitsfläche ausbreiten. Butter in lauwarmer Milch auflösen und damit die Teigblätter bestreichen.

2 Mit Mohnsamen, Paprika oder Käse bestreuen; mit Chilipüree (oder Tapenade) gleichmäßig bestreichen. Mit einer zweiten Teigplatte bedecken, wieder mit Milch/Sahne bepinseln und würzen.

3 Auf diese Weise drei bis vier Schichten vorbereiten. Dann von der Längsseite her zusammenklappen und gut festdrücken. Die Oberfläche ebenfalls mit Milch einpinseln. In Streifen schneiden und auf ein mit Backpapier bedecktes Blech legen. Bei 180 °C ca. acht Minuten backen.

Die Stangen schmecken auch am nächsten Tag noch wunderbar!

Apfel-Tiramisu

ZUTATEN

Zutaten Für sechs Personen:

Apfelmus:
1,5 kg Äpfel (Berlepsch, Elstar, Boskop, Cox Orange)
1 Zitrone
1 Sternanis
50-70 g Zucker
Chili (z. B. vom Habanero, mit seinem Parfum)

Creme:
3 Eigelb
3 EL Zucker
300 g Mascarpone
1 EL Vanillezucker
Zitronenschale

Außerdem:
200 g Löffelbiskuits
Zitronen- oder Himbeerlikör zum Tränken
3-4 EL erstklassiges Kakaopulver

Die herrliche, aber mächtige Cremespeise mit den Löffelbiskuits kennt und liebt jeder. Bei dieser Variante schichten wir Apfelmus dazwischen und erhalten so ein wunderbar frisches, leichteres Dessert.

1 Das Mus unbedingt bereits am Vortag kochen, damit es abkühlen und schön fest werden kann. Die Äpfel dafür vierteln, nur den Blütenansatz und den Stiel entfernen. Schale und Kerngehäuse dranlassen, sie sorgen für Konsistenz und Geschmack.

2 Mit dem Saft einer Zitrone, einem Stück Zitronenschale, dem Sternanis, Chili und Zucker in einen Dampfdrucktopf füllen. Alles gut mischen. Den Topf verschließen, unter Druck setzen und nach zwei Minuten Dampf wieder ausschalten und langsam abkühlen lassen. Wer im normalen Topf kocht, muss unbedingt darauf achten, dass die Äpfel nur sanft dünsten, damit ihr Saft nicht karamellisiert. Die Äpfel noch heiß durch die Gemüsemühle passieren und abkühlen lassen.

3 Für die Creme die Eigelb mit dem Zucker hell und schaumig rühren; wer sich nicht sicher ist, ob die Eier tatsächlich gesund und unbedenklich sind, sollte sie im Wasserbad heiß schlagen.

4 Wenn der Zucker vollständig aufgelöst ist, den Mascarpone unterrühren. Die Creme mit Vanillezucker würzen – nach Belieben auch mit abgeriebener Zitronenschale.

5 Eine flache Form (wie für Lasagne) zuerst mit Löffelbiskuits auslegen und mit etwas Likör tränken. Dann Apfelmus darauf verstreichen, anschließend die Mascarpone-Creme. Kalt stellen. Erst vor dem Servieren die Oberfläche dick mit Kakaopulver bestäuben.

TIPP

Was heißt es, wenn ein Kakaopulver stark oder schwach entölt ist? Um Kakaopulver herzustellen, wird zunächst die Masse aus zerriebenen Kakaobohnen in einer hydraulischen Presse von der Kakaobutter getrennt – weil sie goldgelb, geradezu ölähnlich herausfließt, nennt man diesen Prozess „entölen“. Kakaobutter ist ein kostbarer Grundstoff, den man in der Kosmetikindustrie benötigt, aber natürlich auch in der Schokoladenherstellung braucht. Was beim Pressen übrig bleibt, der Presskuchen, wird zu Kakaopulver zermahlen.
Je stärker dieser Masse das Fett entzogen wurde, um so mehr an Aroma und Geschmack hat sie dabei auch verloren. Stark entöltes Kakaopulver enthält nur noch einen Anteil von 10 Prozent, schwach entöltes noch ca. 20 Prozent Fett. Mehr als 30 Prozent allerdings kann Kakaopulver nicht enthalten, weil es sonst verklumpt.

Wie stark es entölt wurde, kann man dem Kakaopulver leider nicht ansehen, auch eine dunkle oder hellere Farbe sagt nichts über seine Qualität aus – die hängt eher davon ab, wie lange und auf welche Weise die Kakaobohnen geröstet und fermentiert wurden und auf welche Weise die Kakaomasse gepresst wurde. Aber man kann es schmecken: Je mehr Fettanteil ihm belassen wurde, desto kräftiger sein Geschmack, desto intensiver sein Duft und Aroma. Aber mehr als die beiden Begriffe „schwach“ oder „stark entölt“ kann man auf den meisten Packungen nicht finden. Deshalb muss man sich durchprobieren. Es gibt jedoch Spitzenkakaos, allerdings findet man diese nur in Spezialitätengeschäften, und leider haben sie natürlich ihren stattlichen Preis. Aber: Es war schließlich schon immer teurer, einen besonderen Geschmack zu haben.

Register